Sociologia da religião:
introdução, história,
perspectivas e desafios
contemporâneos

O selo DIALÓGICA da Editora InterSaberes faz referência às publicações que privilegiam uma linguagem na qual o autor dialoga com o leitor por meio de recursos textuais e visuais, o que torna o conteúdo muito mais dinâmico. São livros que criam um ambiente de interação com o leitor – seu universo cultural, social e de elaboração de conhecimentos –, possibilitando um real processo de interlocução para que a comunicação se efetive.

Acyr de Gerone Junior

Sociologia da religião: introdução, história, perspectivas e desafios contemporâneos

Rua Clara Vendramin, 58 . Mossunguê
CEP 81200-170 . Curitiba . PR . Brasil
Fone: (41) 2106-4170
www.intersaberes.com
editora@editoraintersaberes.com.br

Conselho editorial
Dr. Ivo José Both (presidente)
Dr.ª Elena Godoy
Dr. Nelson Luís Dias
Dr. Neri dos Santos
Dr. Ulf Gregor Baranow

Editor-chefe
Lindsay Azambuja

Editor-assistente
Ariadne Nunes Wenger

Preparação de originais
Lumos Soluções Editoriais

Capa
Charles L. da Silva (*design*)
Fotolia (imagem)

Projeto gráfico
Charles L. da Silva

Diagramação
Andreia Rasmussen

Dados Internacionais de Catalogação na Publicação (CIP)
(Câmara Brasileira do Livro, SP, Brasil)

Gerone Junior, Acyr de
 Sociologia da religião: introdução, história,
perspectivas e desafios contemporâneos/Acyr de
Gerone Junior. Curitiba: InterSaberes, 2017. (Série
Conhecimentos em Teologia)

 Bibliografia.
 ISBN 978-85-5972-444-8

1. Religião – Aspectos sociais 2. Religião e sociologia
3. Sociologia cristã 4. Teologia social I. Título II. Série.

17-05321   CDD-306.6

Índices para catálogo sistemático:
1. Religião e sociologia   306.6
2. Sociologia da religião   306.6

1ª edição, 2017.
Foi feito o depósito legal.

Informamos que é de inteira responsabilidade do autor a emissão de conceitos.

Nenhuma parte desta publicação poderá ser reproduzida por qualquer meio ou forma sem a prévia autorização da Editora InterSaberes.

A violação dos direitos autorais é crime estabelecido na Lei n. 9.610/1998 e punido pelo art. 184 do Código Penal.

sumário

9 *apresentação*

capítulo um
13 **Introdução à sociologia**
15 1.1 O surgimento da sociologia
17 1.2 Principais perspectivas sociológicas
33 1.3 Neutralidade, objetividade e outras questões sociológicas importantes

capítulo dois
45 **O início de uma sociologia da religião: as teorias sociológicas sobre o fenômeno religioso**
47 2.1 Propostas de uma nova religiosidade

capítulo três
63 **Os clássicos da sociologia da religião**
65 3.1 Teoria social e a crítica da religião
69 3.2 Karl Marx e a crítica da religião

| 74 | 3.3 A função social da religião em Émile Durkheim |
| 79 | 3.4 Max Weber: racionalidade e religião |

capítulo quatro
87 Teoria e análise na sociologia da religião contemporânea

89	4.1 Peter Berger: secularização e dessecularização
95	4.2 Pierre Bourdieu: trabalho e campo religiosos
103	4.3 Hervieu-Léger: memória, transmissão, emoção e articulação
106	4.4 Henri Desroche: religião e esperança

capítulo cinco
117 A sociologia da religião no Brasil

119	5.1 Perspectiva histórica da sociologia da religião no Brasil
121	5.2 Cândido Procópio Ferreira de Camargo e as religiões tradicionais no Brasil
129	5.3 Carlos Rodrigues Brandão e a religiosidade popular brasileira
135	5.4 A religiosidade afro-brasileira em Roger Bastide

capítulo seis
143 Sociologia da religião: perspectivas e desafios atuais

146	6.1 Desafios e perspectivas sociorreligiosas no mundo pós-moderno
149	6.2 A religião na pós-modernidade
154	6.3 A influência do capitalismo na religiosidade
159	6.4 A globalização e os efeitos sociorreligiosos
162	6.5 A religião em tempos de pluralismo cultural e religioso
166	6.6 A religião no espaço público e o Estado laico numa sociedade religiosa

185 *considerações finais*
187 *referências*
199 *bibliografia comentada*
207 *respostas*
209 *sobre o autor*

apresentação

Historicamente falando, a temática sobre a religião em uma abordagem científica não teve tanta importância em tempos mais antigos. A religião foi, por muito tempo, percebida como algo que tinha relação somente com o aspecto místico, a fé, o dogma etc., e só a partir do desenvolvimento da **modernidade** que passou a ser objeto de estudo das humanidades de forma geral e das ciências sociais – neste caso, a **sociologia** –, no intuito de se buscar a superação da filosofia ou mesmo da teologia como discursos finais em relação aos fatos sociais.

Da mesma forma, os estudos sobre a sociedade passaram a se proliferar mais recentemente, pouco mais de duzentos anos atrás, com o surgimento da sociologia como ciência. Portanto, tanto a sociologia quanto os estudos científicos sobre a religião são temas novos, que emergiram há pouco tempo como disciplina específica e com o devido rigor epistemológico e metodológico. É justamente nessa perspectiva que se destaca como fundamental o estudo das teorias sociológicas sobre o fenômeno religioso – afinal, a religião está bem presente em nossa sociedade, estabelecendo valores e modos de se viver.

Nesse sentido, nesta obra pretendemos contribuir com o desenvolvimento do conhecimento, a fim de que você possa perceber como as transformações ocorridas na sociedade – tanto numa perspectiva histórica quanto contemporânea – provocaram mudanças significativas na vida religiosa. Como discorremos sobre as principais teorias que envolvem a religião com base nos teóricos que a analisaram fundamentados no viés sociológico, esta obra é mais voltada a estudantes de Teologia e/ou Ciências da Religião, mas, obviamente, não se limita a eles, podendo contribuir, de forma simples, objetiva e introdutória, para todos os interessados no tema *sociologia da religião*.

Para isso, dividimos o livro em três partes. Na primeira, introdutória ao tema, apresentamos o surgimento e a relevância da sociologia. Já na segunda procuramos apresentar o desenvolvimento histórico da sociologia da religião, desde os primeiros teóricos que a identificaram até as análises atuais. Na última parte, apontamos alguns assuntos que constituem um verdadeiro desafio ao estudo sociorreligioso atual, principalmente no Brasil. Assim, nosso tema central é, portanto, a sociologia da religião, analisada sob uma abordagem que compreende perspectivas históricas, contemporâneas, fenomenológicas e, por vezes, teológicas, a fim de estreitar os laços com a realidade religiosa brasileira.

Porém, antes de analisar os estudos específicos sobre o fenômeno religioso, é de fundamental importância compreender como surgiu a sociologia e como ela se estruturou por meio das principais perspectivas sociológicas, que contemplam os nomes mais significativos da área: Auguste Comte, Émile Durkheim, Karl Marx e Max Weber. Por isso, o primeiro capítulo é diferente dos demais, já que nele apresentamos uma **introdução à sociologia**. Já no segundo capítulo, avançamos ao tema pretendido da obra, apresentando como se deu o início propriamente dito da sociologia da religião por meio da **análise dos primeiros trabalhos**, com enfoque mais sociológico em Rousseau, Saint-Simon, Fourier, Proudhon e Comte. No terceiro capítulo, introduzimos a temática da **teoria social** e da **crítica à religião**, aprofundando nosso estudo sobre os teóricos considerados clássicos da sociologia da religião, cujas teorias são utilizadas até hoje pelos estudiosos do tema: Émile Durkheim, Karl Marx e Max Weber – afinal, foram eles que estabeleceram um marco teórico fundamental sobre o assunto. A **sociologia da religião contemporânea** é fruto de nossa análise teórica no quarto capítulo. Nele, procuramos entender como os conceitos utilizados por Berger, Bourdieu, Hervieu-Léger e Desroche compreendem o fenômeno religioso na atualidade.

No quinto capítulo, nosso estudo se concentra na sociologia da religião desenvolvida no **Brasil** por Cândido Procópio Ferreira, Carlos Rodrigues Brandão e Roger Bastide, pois, apesar de muito recente, trata-se de um tema importante para aqueles que labutam na área religiosa brasileira. Finalmente, no último capítulo, analisamos a sociologia da religião com base em suas **perspectivas contemporâneas** e seus **desafios atuais**, buscando compreender como a religião tem se relacionado com a sociedade pós-moderna em suas respectivas características, como capitalismo, globalização, pluralismo e laicidade.

Por fim, cabe salientar que esta obra procura analisar o fenômeno religioso como um componente cultural, uma forma de pensar que influencia as ações da sociedade. Não se trata de entrar no mérito da crença em si e não nos fundamentamos, portanto, no estudo doutrinário desta ou daquela religião. Aliás, não cabe à sociologia dizer se Deus existe ou não, se o indivíduo deve professar a religião X ou Y, ou, ainda, qual é a "melhor" religião. Como alguns sociólogos (Merton, 2013; Morin, 2010; Bourdieu, 2004b) já esclareceram, não se trata de considerar a ciência melhor do que a religião ou vice-versa, já que são campos diferentes entre si. Além disso, tanto o conhecimento humano quanto a própria sociedade se beneficiam do desenvolvimento de ambos. O espaço de cada campo precisa, portanto, ser respeitado e mantido.

Nesse sentido, alguns conceitos e termos aqui apresentados não se caracterizam como juízo de valor a qualquer religião, muito menos pretendem discutir pontos doutrinários das igrejas. Dessa forma, quando forem utilizados termos como *seita*, *igreja*, *profano*, *sagrado* etc., a intenção não é empregá-los sob o viés dogmático e/ou teológico. Nosso estudo não se fundamenta no aspecto revelacional da teologia cristã, por exemplo. Por isso, em concordância com Guerriero (2004) e Giddens (2005), rechaçamos qualquer vínculo que o uso de tais termos e/ou conceitos venha pressupor como preconceitos ou conotações pejorativas. São, na verdade, termos sociológicos, categorias específicas que foram utilizadas a fim de analisar com propriedade o fenômeno religioso na sociedade.

Mesmo considerando que esta obra se caracteriza como um estudo mais teórico e sociológico, esperamos sinceramente que, com ela, o leitor consiga instigar o desejo de conhecer um pouco mais o tema para, assim, servir melhor na comunidade religiosa em que está inserido e na sociedade em que vive.

Finalmente, agradeço a Deus pelo privilégio que tenho de contribuir com futuros teólogos e desejo que este estudo lhes possa ser proveitoso e agradável. E que Deus nos abençoe.

capítulo um

Introdução à sociologia

Nossa intenção com esta obra é analisar como se dá a relação entre a **teoria sociológica** e a **realidade religiosa** tanto historicamente como nos dias de hoje, a fim de ampliar a compreensão sobre esse tema. Trata-se, portanto, de uma obra de **sociologia da religião**, na qual procuramos evidenciar como as transformações que aconteceram na sociedade contribuíram com as transformações na vida religiosa e como tais mudanças foram percebidas pelas teorias sociológicas existentes.

Porém, apesar de nosso foco ser a sociologia da religião, um dos ramos mais fecundos e desenvolvidos das ciências sociais, consideramos muito importante introduzir, neste primeiro capítulo, aspectos e conceitos fundamentais da sociologia, para que você tenha um pano de fundo adequado e bem fundamentado sobre tal ciência – afinal, não há como avançar para uma reflexão sociorreligiosa sem ter uma noção mínima sobre como a sociologia surgiu, constituiu-se como ciência e se configurou, nesse pouco tempo de existência, como uma disciplina.

1.1 O surgimento da sociologia

A partir do século XV, houve, com o Renascimento, um verdadeiro **rompimento** entre o conhecimento e a religião. O conhecimento – que, até aquela época, era fundamentado na construção teológica – começou a ser questionado. A ciência deixou de ser serva da teologia, conquistando espaço e *status* diante da nova realidade. No intuito de compreender e procurar soluções para novos e numerosos desafios, o conhecimento humano (até então limitado ao campo filosófico) se **dividiu** em diferentes campos.

O termo *sociologia* e seu estabelecimento sistemático como uma nova disciplina são creditados a **Auguste Comte** (Giddens, 2005). Trata-se de um ramo ou um campo de estudo das ciências sociais, apesar de esta última ter surgido com as reflexões sociológicas. A sociologia é, assim, a disciplina que impulsiona as ciências sociais. E é justamente a partir dela que investigamos e analisamos os comportamentos sociais e as diversas maneiras como eles se manifestam nas relações humanas. Portanto, podemos afirmar que o objeto de estudo das ciências sociais é o **ser humano** em suas **relações sociais** (Martins, 2007).

"Sociologia é o estudo da vida social humana, dos grupos e das sociedades" (Giddens, 2005, p. 24).

A Europa do século XVIII foi o ambiente propício para o nascimento das ciências sociais, pois as **transformações econômicas**, **políticas** e **culturais** se ampliavam e passaram, assim, a suscitar questões inquietantes para a humanidade daquela época. Segundo Martins (2007), as Revoluções Industrial e Francesa contribuíram concomitantemente para um mesmo fim, isto é, a chegada e a instauração definitiva de uma sociedade que deixava de ser feudal e passava a ser predominantemente **capitalista**. Foi nesse contexto de transição na sociedade que surgiu a sociologia. Dias (2005, p. 3) assim esclarece:

> *A Sociologia é uma disciplina relativamente nova, que surgiu com o objetivo de sistematizar o estudo dos fenômenos sociais, identificando sua causa e apontando formas de solucioná-los quando se constituíssem em problema para a sociedade. [...] [Procura] estudar sistematicamente o comportamento social dos grupos e interações humanas, bem como os fatos sociais que geram e sua inter-relação.*

Já no século XX, como consequência dos trabalhos de Marx, Durkheim e Weber, as ciências sociais se ampliaram e se desenvolveram. Assim, o desenvolvimento da sociologia aconteceu em meio a uma **realidade histórica peculiar**, que combinava com os últimos períodos da desagregação de uma sociedade majoritariamente feudal e da materialização do capitalismo na civilização ocidental (Martins, 2007). Foi nesse contexto que os pensadores citados começaram a elaborar teorias sociológicas que procuravam entender a sociedade da época. Portanto, mesmo que, em termos históricos, tenha surgido há pouco tempo, a sociologia solidificou-se como um ramo singular das ciências humanas, já que "estuda a dimensão social da vida humana, as relações sociais que a ela estão associadas" (Dias, 2005, p. 3).

Assim, a sociologia se caracteriza como um estudo significativo e relevante, pois proporciona uma "consciência de diferenças culturais que nos permite enxergar o mundo social a partir de perspectivas variadas" (Giddens, 2005, p. 35). Como o próprio Giddens (2005, p. 35) confirma, "com frequência, se entendemos como os outros vivem, também podemos adquirir uma compreensão maior de quais são os nossos problemas".

Dessa forma, podemos entender e reafirmar o quanto o estudo da sociologia é fundamental, visto que investigar as dificuldades sociais que existem em nossa sociedade é necessário para que possamos compreender o que acontece e, dentro das possibilidades, provocar intervenções, fornecendo instrumentos que possam contribuir com a melhoria de vida das pessoas e da própria sociedade. Realidades como a violência, a criminalidade, os desvios sociais etc. estão presentes no cotidiano da humanidade, razão por que, como bem afirma Giddens (2005, p. 58), a sociologia "não busca apenas produzir conhecimento, mas também informar intervenções visando melhorar a vida social".

1.2 Principais perspectivas sociológicas

Como vimos anteriormente, Marx, Durkheim e Weber foram os primeiros sociólogos a desenvolverem uma análise da sociedade. Eles "tinham o desejo comum de dar sentido às sociedades em mudanças nas quais viviam" (Giddens, 2005, p. 34). Nesse sentido, esses pensadores procuraram desenvolver formas de investigar o mundo social que conseguissem explicar o funcionamento e as transformações que ocorriam nas sociedades. Porém, cada sociólogo, mediante suas especificidades, desenvolveu formas distintas nas abordagens que realizou em seus respectivos estudos. Foi daí que surgiram as diferentes perspectivas sociológicas existentes.

Existem, entre os sociólogos, diferentes percepções de quantas e quais seriam essas **correntes sociológicas**. A abordagem do nosso estudo é a utilizada por Giddens (2005), por dar conta de dois fatos preponderantes. O primeiro deles é fato de ele apontar os sociólogos clássicos e, com base neles, indicar como se desenvolveram as principais perspectivas sociológicas. Nesse sentido, Giddens (2005, p. 34) afirma:

> Entre os clássicos fundadores da sociologia, quatro figuras são particularmente importantes: Auguste Comte, Karl Marx, Émile Durkheim e Max Weber. Comte e Marx, trabalhando em meados do século XIX, desenvolveram alguns dos temas principais da sociologia, mais tarde detalhados por Durkheim e Weber. Esses temas dizem respeito à natureza da sociologia.

Portanto, por meio desses quatro sociólogos, é possível entender como os principais temas sociológicos foram estudados e como influenciaram as demais correntes – vale lembrar que, nos próximos capítulos, estudaremos Marx, Durkheim e Weber mediante as análises que cada um realizou sobre a religião. Por outro lado, Giddens (2005, p. 34) reconhece a diversidade de abordagens e a relação que acontece entre elas ao afirmar que "Tais diferenças de abordagem persistiram através da história da sociologia. Mesmo quando os sociólogos concordam com o tema da análise, eles frequentemente tomam essa análise a partir de diferentes perspectivas teóricas".

Desse modo, pode-se compreender o funcionamento da sociedade de maneiras distintas, sob o viés de diferentes perspectivas, afinal, há diversas **tradições sociológicas**. Como nosso foco é a sociologia da religião, apresentaremos somente um breve resumo de cada perspectiva sociológica. Vale ressaltar que nosso objetivo é descrever as três principais correntes – **funcionalismo, marxismo** e **interacionismo simbólico** –, conforme Giddens (2005) nos apresenta, para, assim, termos uma ideia de como elas estão estruturadas. É importante ressaltar que cada abordagem recebeu influência de diferentes sociólogos. Por isso, após apresentarmos essas perspectivas, veremos comentários sobre os sociólogos que as influenciaram, bem como os conceitos que eles defendiam, demonstrando a trama de relações convergentes entre essas correntes sociológicas e os sociólogos que as precederam.

Figura 1.1 – Abordagens teóricas em sociologia

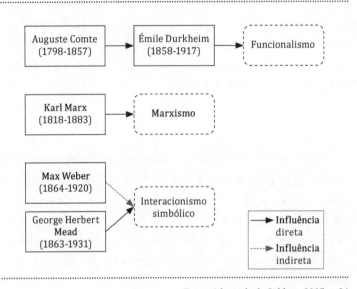

Fonte: Adaptado de Giddens, 2005, p. 34.

1.2.1 O positivismo de Auguste Comte

Conforme apresentamos anteriormente, o século XVIII foi um período de muitas transformações na sociedade. Após as Revoluções Francesa e Industrial, o Iluminismo perdeu força e foi necessário repensar a sociedade. No entanto, para restaurá-la, era preciso seguir um **método mais científico**. Foi nesse contexto que surgiram os estudos de Auguste Comte.

Saiba mais

Auguste Comte nasceu em 19 de janeiro de 1798, na cidade de Montpellier (França). Em 1848, iniciou a elaboração de um curso de Filosofia Positiva, trabalho que envolveu 12 anos de pesquisa. Nele, Comte redigiu o **Sistema de Política Positiva**, no qual procurava explicar e interpretar a sociedade de uma maneira apenas humana, fugindo e negando a teologia e a metafísica. Em sua visão positiva dos fatos, o sociólogo negava que a explicação dos fenômenos naturais e sociais tivesse um único princípio (Deus). Comte faleceu em Paris em 1857.

Fonte: Elaborado com base em Comte, 1991.

Comte foi discípulo de Saint-Simon, porém rompeu com ele em muitos aspectos. A doutrina positivista, para Comte, incluía a religião – afinal, ela poderia se enquadrar nos sete atributos fundamentais da positividade que ele defendia: real, útil, certo, preciso, orgânico, relativo e simpático. Segundo Comte, todos os ramos do conhecimento deveriam estar imbricados por tais atributos (Dias, 2012).

Fundamentando-se em seus pressupostos científicos, Comte desenvolveu a **Lei dos Três Estágios** – teológico, metafísico e positivo –, que é a base de sua obra. Vejamos o que ele diz ao descrevê-los:

> De acordo com esta doutrina fundamental, todas as nossas especulações estão inevitavelmente sujeitas, assim no indivíduo como na espécie, a passar por três estados teóricos diferentes e sucessivos, que podem ser qualificados pelas denominações habituais de teológico, metafísico e positivo, pelo menos para aqueles que tiverem compreendido bem o seu verdadeiro sentido geral. O primeiro estado, embora seja, a princípio, a todos os respeitos, indispensável, deve ser concebido sempre, de

ora em diante, como puramente provisório e preparatório; o segundo, que é, na realidade, apenas a modificação dissolvente do anterior, não comporta mais que um simples destino transitório, para conduzir gradualmente ao terceiro; é neste, único plenamente normal, que consiste, em todos os gêneros, o regime definitivo da razão humana. (Comte, 1991, p. 4)

Para Comte, sua ciência positiva, por ser superior ao saber filosófico e religioso, deveria ser aceita pela humanidade, a fim de estabelecer uma ordem. Segundo Giddens (2005), para Comte, a crise vivenciada pela sociedade francesa só seria superada mediante um conhecimento que fosse capaz o suficiente para restabelecer a ordem por meio da industrialização e do conhecimento científico – utilizando, no estudo da sociedade, os mesmos métodos científicos rigorosos que eram utilizados no mundo físico pela química e/ou física. A sociologia positivista de Comte, ao explicar e, concomitantemente, intervir nos fatos sociais daquele período histórico, poderia ser o vínculo necessário entre a ordem e o progresso de que a sociedade precisava. Cabe lembrar que tais conceitos influenciaram significativamente a sociedade brasileira. A frase contida na bandeira nacional – *Ordem e progresso* –, assim como o processo que culminou na abolição da escravatura e a proclamação da República, são alguns exemplos de tal influência.

1.2.2 Durkheim e os fatos sociais

Durkheim é um dos grandes nomes da sociologia. Seus escritos, aliás, "tiveram um impacto mais duradouro na sociologia moderna do que os de Comte" (Giddens, 2005, p. 29). Na verdade, Durkheim, influenciado por Comte, procurou **avançar e aperfeiçoar a sociologia positivista**, tornando-a uma ciência mais rigorosa. Para ele, essa nova ciência deveria estar "centrada na verificação dos fatos que poderiam ser observados, mensurados e relacionados mediante dados coletados diretamente pelos cientistas" (Gil, 2011, p. 19).

Saiba mais

Émile Durkheim nasceu na cidade de Épinal (França), em 15 de abril de 1858. Seguiu os passos de Comte, negando a teologia e a metafísica. Suas obras principais trabalham com os seguintes temas: divisão do trabalho social; regras do método sociológico; suicídio; formas elementares da vida religiosa; educação; sociologia; e filosofia. Durkheim morreu em Paris, em 15 de novembro de 1917.

Fonte: Elaborado com base em Giddens, 2005.

Fundamentado na concepção de que se deve estudar a vida social com a mesma objetividade com que se estuda o mundo natural (Giddens, 2005), Durkheim entende o homem como um animal selvagem e que só se torna humano quando aprende hábitos e costumes característicos do grupo social em que vive. Ele denomina tal processo de aprendizagem de *socialização*. Existiria, a partir de então, uma **consciência coletiva**, formada durante a socialização, que seria concebida pelo que orienta o modo de ser, sentir e agir do ser humano. Para Durkheim, a socialização acontece, portanto, mediante os **fatos sociais** e a sociologia deveria focar nestes como seu objeto de estudo, pois, "em vez de aplicar métodos sociológicos para o estudo dos indivíduos, os sociólogos deveriam examinar os fatos sociais" (Giddens, 2005, p. 29). De acordo com Durkheim, *fatos sociais* são "**meios de agir, pensar** ou **sentir** que são externos aos indivíduos e têm sua própria realidade fora da vida e das percepções das pessoas" (Giddens, 2005, p. 29, grifo nosso).

Durkheim estabelece as seguintes condições para que um acontecimento seja percebido como um fato social: **generalidade** (algo que atinge a quase todos); **exterioridade** (algo visível e mensurável); e **coercitividade** (algo que atua como uma regra imposta, que não se consegue quebrar). Ressalta, ainda, que tais condições não denotam uma regra visível, pois *fato social* é algo que já acontece, sempre aconteceu e sempre acontecerá, independentemente dos desejos. Durkheim definiu, também, o conceito de *instituição social*, estabelecendo-a como um **mecanismo de proteção** da própria sociedade, que pretende conservar as regras e os procedimentos sociais reconhecidos e aceitos. Dessa forma, famílias, escolas, governo e política são considerados *instituições*. Durkheim teorizou, também, o fenômeno da **coesão social**.

> *Sem dúvida, é evidente que nada existe na vida social que não esteja nas consciências individuais; mas, quase tudo que se encontra nestas últimas vem da sociedade. A maior parte de nossos estados de consciência não seriam produzidos pelos indivíduos isolados, mas seriam produzidos pelos indivíduos agrupados de outra maneira. Eles derivam, portanto, não da natureza psicológica do homem em geral, mas da maneira segundo a qual os homens, uma vez associados, interagem mutuamente, dependendo de serem mais ou menos numerosos, de estarem mais ou menos próximos. Sendo produtos da vida em grupo, somente a natureza do grupo pode explicá-los.* (Durkheim, 1999, p. 27)

Assim, **coesão social** significa a cooperação mútua de indivíduos entre si pelo desenvolvimento de ações em áreas comuns – como a econômica, a territorial e a social – sob um código comum. No terceiro capítulo, analisaremos as concepções durkheimianas sobre a religião na sociedade.

1.2.3 Funcionalismo

O funcionalismo nasceu no começo do desenvolvimento da sociologia como desdobramento das reflexões ocorridas no positivismo comtiniano e, posteriormente, no estudo durkheimiano dos fatos sociais, conforme é possível perceber na Figura 1.1 proposta por Giddens (2005), mostrada anteriormente.

Giddens (2005, p. 34) afirma que o funcionalismo "sustenta que a sociedade é um sistema complexo cujas diversas partes trabalham conjuntamente para produzir estabilidade e solidariedade". Por muito tempo, o funcionalismo foi a tradição teórica dominante na sociologia, principalmente nos Estados Unidos, potencializado por seus teóricos mais respeitáveis: Talcott Parsons e Robert K. Merton (Giddens, 2005).

Parsons argumentava que a ação humana é **voluntária**, **intencional** e **simbólica**, e não simplesmente guiada por leis. Procurando compreender melhor a sociedade, ele criou um sistema denominado *Paradigma Agil* (termo acróstico na língua inglesa) a partir dos seguintes aspectos: em primeiro lugar, deve-se analisar o **comportamento** dos membros da sociedade (A – *adaptation*) e, em segundo, a **personalidade** de seus membros (G – *goal attainment*) para, então, observar a sociedade como um **sistema de organização social** (I – *integration*) e analisar sua **cultura** (L – *latency*). Assim, para que haja um bem harmonioso em um meio social, o "sistema deve-se adaptar-se ao ambiente, atingir seus objetivos, integrar seus componentes e manter seu modelo" (Meira, 2012). Parsons acrescenta, ainda, que, para haver uma harmonia social, cada pessoa deve reconhecer seu **papel**. Nesse contexto, as sociedades devem ter papéis e posições associados e diferenciados e cada indivíduo e/ou grupo deve conhecer sua função dentro delas.

Na mesma perspectiva funcionalista, Robert K. Merton se estabeleceu como um importante teórico da burocracia, da sociologia da ciência e da comunicação de massa. A ele se atribui o desenvolvimento dos quatro padrões institucionais, denominados *cudos*: *comunalismo*, que aponta o conhecimento como um bem comum (identificado por Merton como *comunismo*); *universalismo*, que determina critérios universais de verdade (não apenas baseados em raça, gênero, religião ou nacionalidade); *desinteresse*, que afirma que o cientista não poderia ser movido pelo seu próprio interesse; e, por último, o *ceticismo organizado*, que defende que todas as ideias devem ser comprovadas pela sociedade. Esses são, para Merton, os princípios que deveriam conduzir os objetivos e os métodos da ciência.

Considerando que a perspectiva funcionalista é resultado das concepções de Comte e de Durkheim, é preciso voltar a elas para que seja possível compreender tal corrente sociológica.

1.2.4 Marxismo e as classes sociais

As concepções de Karl Marx são opostas ao desenvolvimento sociológico de Comte e Durkheim, mas, da mesma forma, Marx analisou o momento histórico de transformação social provocado pela Revolução Industrial.

Saiba mais

Karl Marx nasceu em Tréveris (Alemanha), em 5 de maio de 1818, no seio de uma família religiosa, de classe média. Quando cursava Direito na Universidade de Berlim, conheceu Georg Wilhelm Friedrich Hegel, que lhe influenciou significativamente. Posteriormente, concentrou seus estudos na filosofia e em 1841 concluiu o doutorado nessa área. Mais tarde, mudou-se para Paris, quando conheceu o **socialismo** por meio da Liga dos Justos (que, depois, passou a se chamar *Liga Comunista*). Foi em Paris que Marx realizou pesquisas sobre economia, política e socialismo utópico. Já em Bruxelas (Bélgica), em 1845, Marx produziu o *Manifesto do Partido Comunista* (2010), juntamente com Engels. Em 1849, mudou-se para Londres e, em 1864, participou da fundação da Associação Internacional dos Trabalhadores, atuando de forma significativa, com forte influência na comuna de Paris (1871). Depois de quatro anos, Marx contribuiu com a fundação do **Partido Social-Democrata Alemão**. Ele morreu em 14 de março de 1883.

Fonte: Elaborado com base em Engels; Marx, 2010.

O marxismo se define como um conjunto de ideias ou, ainda, uma teoria que envolve pressupostos sociais, políticos e econômicos que foram sistematizados por Marx e Engels. Para Marx (2008, p. 47),

> *na produção social da própria existência, os homens entram em relações determinadas, necessárias, independentes de sua vontade; estas relações de produção correspondem a um grau determinado de desenvolvimento de suas forças produtivas materiais.*

Nessa perspectiva, portanto, seus ideais são fundamentados na crítica ao idealismo hegeliano alemão[1], na crítica à economia política inglesa do século XIX e, também, na negação do denominado *socialismo utópico* (concepção de pensamento socialista francês e inglês). Seu desenvolvimento epistemológico social se deu com base no que Marx define como "concepção materialista da história" (Giddens, 2005, p. 32) – a partir, portanto, da análise histórica das formas de produção e reprodução social. Essas concepções servem, até hoje, como base doutrinária e ideológica para países de viés socialista.

Segundo Marx, "as mudanças mais importantes estavam estreitamente ligadas ao desenvolvimento do capitalismo" (Giddens, 2005, p. 31). No capitalismo, existe, para Marx, uma luta de classe entre aqueles que detêm o capital (qualquer recurso e/ou bem), denominados *classe dominante*, e a *classe operária*, constituída pela mão de obra assalariada. Assim, nessa perspectiva, para compreender uma sociedade, seria necessário atentar para essas estruturas sociais, para as forças de produção e as relações que estão envolvidas nesse processo. Nesse sentido, Marx assegura que as relações sociais não

---

1 Dutra (2012, p. 1) resume da seguinte forma o idealismo alemão de Hegel: "Para entender as ideias de Hegel, é interessante contextualizá-lo. O final do século XVIII teve como principal acontecimento histórico a Revolução Francesa e a expansão napoleônica. Os territórios europeus não eram divididos sob as fronteiras que conhecemos hoje. A Alemanha – terra de Hegel – era formada por diversos espaços cujas leis e doutrinas eram independentes. Desta forma, o papel do Estado era extremamente importante para o funcionamento do governo. O obra de Hegel de um modo geral teve grande influência de dois autores: Baruch Spinoza e Immanuel Kant. Hegel desenvolveu o chamado idealismo absoluto, utilizado como base para várias áreas do conhecimento como a política, a psicologia, a arte, a religião e a filosofia. A teoria afirma que quaisquer contradições e dialéticas podem ser resolvidas com a criação de um modelo que pode refletir no indivíduo e no Estado".

Introdução à sociologia

são escolhidas pelos indivíduos – pelo contrário, são **impostas** por sua **condição social**.

Nesse sentido, "o modo de produção da vida material condiciona o processo de vida social, política e intelectual" (Marx, 1992, p. 82). Dessa forma, para ele, muito além do individuo ter de aceitar as relações sociais que lhe são impostas por meio de seu trabalho, tal imposição se concretiza em outros aspectos de sua vida. Assim,

> *A história de todas as sociedades existentes até hoje é a história das lutas de classe. Homem livre e escravo, patrício e plebeu, barão e servo, mestre de corporação e companheiro, numa palavra, opressores e oprimidos, em constante oposição, têm vivido numa guerra ininterrupta, ora franca, ora disfarçada.* (Engels; Marx, 2010, p. 365-366)

Em síntese, portanto, Marx expõe a contradição existente entre as forças e as relações de produção, isto é, a **luta de classes**; para ele, tal luta sintetiza a história humana em todas as épocas. Dessa perspectiva é que se evidencia a concepção marxista do **materialismo histórico dialético**. Com a contribuição de Minayo (1992, 2008) e Meksenas (2002), vejamos um resumo de como o materialismo histórico dialético se evidencia como um referencial epistemológico utilizado de forma significativa para se compreender a sociedade:

- **Objetivo/finalidade**: Fazer uma crítica à ciência pura, defendendo que a ciência deve considerar as relações sociais vinculadas à política e à economia. Entender a ciência e a tecnologia como produto da história e assimilar que, para conhecer o tempo e a natureza, deve-se conhecer as relações sociais de produção e o objeto de pesquisa, considerando o contexto balizado pelas relações de classe, pela economia e pela política decorrentes do modo de organização social.

- **Concepção do conhecimento**: No materialismo, o conhecimento é um movimento que se dá no marco da luta de classes. No plano histórico (elemento norteador), é o caminho teórico que aponta a dinâmica do real na sociedade, e o dialético é o método de abordagem desse real (dimensão revolucionária).
- **Método/instrumento de pesquisa**: O método dialético do materialismo histórico consiste em reconhecer que as exigências materiais têm precedência sobre as aspirações espirituais dos homens, para que, assim, se possa extrair as consequências dessa relação, pois um fenômeno só pode ser plenamente compreendido em sua contradição. Os instrumentos são interpretativos (investigação científica), buscando reter a explicação do particular no geral e vice-versa (totalidade).
- **Concepção de sociedade**: As interações sempre assumem um caráter de troca. Convertido em mercadoria, o trabalho deixa de pertencer à maioria das pessoas e passa a se tornar um fardo. Contrapondo-se às correntes reprodutivistas, tal qual o capitalismo, o marxismo visa à transformação da realidade – mais especificamente, uma transição do capitalismo para o socialismo.

Por fim, Giddens (2005) destaca que alguns sociólogos, inspirados nas convicções de Marx, desenvolveram a **teoria do conflito**. Tal concepção enfatiza a importância da **estrutura** dentro das sociedades, porém, de forma oposta aos funcionalistas, ressalta que não há consenso – pelo contrário, essas ideias dão importância à análise que estuda a divisão existente na sociedade e, assim, "concentram-se em questões de poder, desigualdade e luta" (Giddens, 2005, p. 35). A designação do termo *conflito* ocorre devido ao fato de que, para esses sociólogos, a tensão e a luta estão sempre presentes por meio das divisões existentes na sociedade e, nesse caso, alguns sempre serão beneficiados em detrimento de outros. É por tais razões que muitos teóricos do conflito se fundamentam nas concepções marxistas da luta de classes.

1.2.5 Interacionismo simbólico

A terceira concepção sociológica é o interacionismo simbólico. Tal concepção surgiu mediante "uma preocupação entre linguagem e significado" (Giddens, 2005, p. 36). O objeto de estudo do interacionismo simbólico fundamenta-se, precisamente, no desenvolvimento dos processos existentes nas **interações sociais** (que acontecem entre pessoas ou grupos) com a mediação estabelecida por meio das relações simbólicas, isto é, "o elemento-chave nesse processo é o símbolo" (Giddens, 2005, p. 36) – e o símbolo, nesse caso, é algo que representa outra coisa. Nesse sentido, gestos, ações, formas não verbais etc. estão carregados de valores simbólicos e os seres humanos dependem de tais símbolos em seus relacionamentos e interações sociais. Há, portanto, uma "troca de símbolos" entre os indivíduos (Giddens, 2005, p. 36).

Essa concepção surgiu diretamente dos estudos de George Herbert Mead. Ele evidenciou que o ego (em inglês, *self*) dos indivíduos consiste em **produtos sociais,** não excluindo o fato de serem propositados e/ou criativos. Além de Mead, outros dois nomes importantes do interacionismo simbólico são Herbert Blumer e Charles Cooley. Blumer, além de estudar os conceitos de Mead, procurou interpretá-los – e a ele é atribuída a invenção da expressão *interacionismo simbólico,* colocando em destaque as mais significativas pressuposições desse enfoque. Nessa perspectiva, é possível resumir que os indivíduos atuam em relação às coisas com base no significado/símbolo que essas coisas contenham. Assim, tais significados são consequência de suas próprias interações sociais e modificados pela interpretação individual que cada pessoa realiza (Blumer, 1982).

Como já vimos anteriormente, no início da análise das abordagens teóricas em sociologia, Weber tem certa relação com o interacionismo simbólico (por isso as linhas pontilhadas na Figura 1.2). Para Giddens (2005), há uma conexão direta entre as concepções de Weber e o interacionismo simbólico. Por isso, vamos analisar agora Max Weber e seu trabalho sociológico nesse sentido.

A análise compreensiva de Weber e a ação social

A análise compreensiva de Weber é diferente das concepções anteriores. A intenção, nessa perspectiva, é compreender o ser humano de um modo amplo, considerando o fato social muito além de uma percepção empírica. Weber "creditava que a sociologia deveria se concentrar na ação social e não nas estruturas" (Giddens, 2005, p. 33). Pretende-se, assim, conhecer o que **originou** o fato e qual foi o **ato motivador** ou os atos motivadores que influenciaram a ação.

Saiba mais ....

Maximilian Karl Emil Weber nasceu em Erfurt (Alemanha), em 21 de abril de 1864, no seio de uma família religiosa (calvinista). Exerceu as funções de **jurista** e **economista** e seus escritos influenciaram a economia, a filosofia, o direito, a ciência política e a história comparativa.

Weber cursou Economia Política, História e Teologia. Em 1889, concluiu seu doutorado em Direito na Universidade de Berlim. Ele morreu em 14 de junho de 1920, na cidade de Munique.

....

Fonte: Elaborado com base em Weber, 2006; Giddens, 2005.

Weber ressalta que, para compreender a sociedade, é necessário basear a análise no indivíduo, já que este "tem a habilidade de agir livremente e moldar o futuro" (Giddens, 2005, p. 33). Dessa forma, deve-se procurar compreender as intenções, as motivações, os valores e as expectativas dos indivíduos na sociedade, pois "as ideias humanas eram as forças por trás das mudanças" (Giddens, 2005, p. 33). Para Weber, é preciso averiguar o que motiva as pessoas a agir de uma determinada maneira, pois elas têm força para mudar a sociedade.

De acordo com Weber, existem quatro fatores de motivação que dirigem a ação social dos indivíduos:

1. **Motivo racional**: O indivíduo pratica alguma ação pelo fato de querer conquistar algo/alguma coisa.
2. **Valores morais**: As ações são orientadas com base em princípios ou crenças.
3. **Aspecto afetivo**: O indivíduo age com base em suas emoções.
4. **Tradição**: As pessoas adotam os costumes que as orientam.

Outro elemento importante para Weber é o *tipo ideal*. Giddens (2005, p. 33-34) define tal conceito como "modelos conceituais ou analíticos que podem ser usados para compreender o mundo". Nesse sentido, Weber (2006, p. 106) afirma:

> *Obtém-se um tipo ideal mediante a acentuação unilateral de um ou vários pontos de vista, e mediante o encadeamento de grande quantidade de fenômenos isoladamente dados, difusos e discretos, que se podem dar em maior ou menor número ou mesmo faltar por completo, e que se ordenam segundo os pontos de vista unilateralmente acentuados, a fim de se formar um quadro homogêneo de pensamento. Torna-se impossível encontrar empiricamente na realidade esse quadro, na sua pureza conceitual, pois se trata de uma utopia.*

Um tipo ideal seria um modelo, um ponto de referência e, obviamente, não seria real, razão por que Weber o define como uma *utopia*. Assim, qualquer situação real poderia ser mais bem compreendida por meio de um tipo ideal. Finalmente, cabe destacar o **racionalismo** em Weber. Para ele, o racionalismo estava presente em uma sociedade que se afastava cada vez mais das crenças supersticiosas (Giddens, 2005). Desse modo, a razão prevaleceria sobre os sentimentos, evitando consequências desnecessárias e conduzindo os indivíduos a se pautarem em "avaliações racionais, instrumentais, que levavam em consideração as eficiências e as consequências futuras" (Giddens, 2005, p. 34).

1.3 Neutralidade, objetividade e outras questões sociológicas importantes

Como já pudemos perceber, a sociologia é uma **ciência** e necessita ser percebida como tal. Apesar de Durkheim (2011) afirmar que ela carece ser cientificamente neutra, já progredimos o suficiente para entender a perspectiva defendida por Weber (2006) de que, de fato, a neutralidade é praticamente impossível nas ações humanas. Porém, isso não significa que, no que abrange as ciências sociais, não devamos buscar a **objetividade** do conhecimento; o que é um grande desafio para a sociologia. Afinal, "A preocupação de objetividade não pode sobrepor-se à inquestionável realidade de ser o cientista social uma pessoa, isto é, um ser configurado geotemporal, psicossocial e socioculturamente" (Castro, 2000, p. 28).

No estudo sociológico, portanto, cabe ao investigador atenuar a força negativa de suas ideias, suas crenças e seus juízos pessoais (definidos como *pré-noções, pré-conceitos* e *juízos de valor*), lançando mão do necessário **rigor científico** por meio da utilização correta dos devidos métodos científicos, da comprovação, da verificação e da crítica.

Desse modo, espera-se que a investigação sociológica não esteja fundamentada em fatos predefinidos – pelo contrário, acredita-se que o investigador deva se aprofundar nas evidências, na experiência teórica, nos métodos e em seus resultados. Tal compreensão será de fundamental importância nos próximos capítulos, nos quais nosso enfoque tem relações diretas com a religiosidade. A sociologia trabalha com **teorias**, e não com doutrinas que não devem ser questionadas ou criticadas. Afinal, a estrutura social muda com o tempo – o que se comprova pelo fato de que o modo de pensar e até mesmo os valores sofrem transformações com o passar do tempo.

Dessa forma, para que o sociólogo compreenda e apreenda de forma significativa o comportamento social, ele deve ampliar a compreensão de forma mais desenvolvida entre o indivíduo e a sociedade. Essa percepção é designada de *imaginação sociológica*. Para Schaefer (2006, p. 6), "A imaginação sociológica é uma ferramenta que nos proporciona poder. Ela nos permite olhar para além de uma compreensão limitada do comportamento humano, ver o mundo e as pessoas de uma forma nova, através de uma lente mais potente do que nosso olhar habitual".

Desse modo, mediante o pressuposto da imaginação sociológica, fica mais fácil perceber as relações existentes entre a esfera social adjacente que cerca a pessoa e o mundo social impessoal no qual o indivíduo está arraigado. De fato, é um desafio, pois implica que o sujeito perceba a sociedade em que está inserido como se ali não estivesse. Nesse contexto, a sociologia, como uma ciência sistematizada que pretende investigar de forma crítica a esfera das relações humanas, irá além do imediato para apreender como a sociedade influencia o indivíduo e como, de forma oposta, o indivíduo, que compõe a sociedade, a influencia.

Saiba mais

Imaginação sociológica é um termo cunhado pelo sociólogo **Charles Wright Mills**. Segundo Mills, "para compreender as modificações de muitos ambientes pessoais, temos a necessidade de olhar além deles" (Mills, 1975, p. 17).

Assim sendo, imaginação sociológica é a habilidade que a pessoa tem de compreender que é influenciada pela sociedade que está à sua volta e, da mesma forma, também influencia essa sociedade. Além disso, cabe ao indivíduo estabelecer certo distanciamento dessa realidade, permitindo-se ir além das experiências e observações pessoais e compreender os fatos sociais públicos sem interferência pessoal direta.

Fonte: Elaborado com base em Mills, 1975.

Estamos quase no fim do nosso capítulo introdutório à sociologia, no qual abordamos suas principais características. No entanto, cabe indicar alguns aspectos importantes que não foram contemplados, visto que nosso objetivo é avançar para a análise sociológica da religião, objeto de estudo nesta obra. Você poderá, contudo, aprofundar-se nesses conceitos se tiver como objetivo compreender um pouco mais sobre a sociologia de forma geral. Com base na obra de Giddens (2005) e de outros autores, destacamos os seguintes aspectos:

- cultura;
- grupos sociais;
- interação social e vida cotidiana;
- instituições sociais (família, política, economia);
- estrutura social, estratificação e mobilidade social;
- gênero e sexualidade;
- crime e violência;
- trabalho;
- educação;
- crescimento populacional;
- crise ecológica;
- governo e política;
- mídia e comunicação de massa;
- raça, etnia e migração;
- cidades e espaços urbanos;
- organizações modernas.

Texto complementar

O que é a sociologia em dez tópicos!

Léa Mougeolle
www.sociologia.com.br

Você já se perguntou o que a sociologia realmente é? Em geral, as pessoas têm uma ideia bastante geral sobre essa pergunta. Porém, explicar concretamente do que essa ciência se trata é mais complicado do que parece. Vamos esclarecer essa questão aqui e, depois de ler este texto, você irá entender exatamente, de forma clara e simples, o que é a *sociologia*.

1. **Quem criou a palavra *sociologia*?**

A palavra *sociologia* foi criada por Auguste Comte, um filósofo francês, mediante a união de *socio* – que significa *sociedade*

em latim – e *logia* – *ciência* em grego. Então, a intenção da sociologia foi criar a *ciência da sociedade*.

2. **O que a sociologia estuda?**

A ciência da sociedade estuda os fatos sociais, ou seja, os fenômenos, os comportamentos, as representações ideológicas e religiosas, as maneiras de pensar, de atuar, de sentir etc. dos indivíduos numa sociedade. Trata das relações, das ações e das representações sociais produzidas pelos grupos sociais. Podemos distinguir, ainda, dois campos diferentes de estudo na sociologia que permitem conhecer melhor o funcionamento da sociedade: a sociologia que trata do **funcionamento real das instituições** e a sociologia que trata das **relações entre os indivíduos e as instituições**.

3. **Pelo que se interessa a sociologia?**

Principalmente pelas relações entre os indivíduos que pertencem à mesma sociedade. Para colocar de maneira mais simples, tudo o que ocorre na sociedade pode ser estudado pela sociologia, o que significa que existem diversos campos a serem investigados. Podemos falar, por exemplo, das desigualdades na escola, do estresse no trabalho, da violência urbana, da delinquência, da exclusão social, da organização do trabalho, da homossexualidade, da família etc. Por isso, existem diferentes categorias de áreas, como a sociologia da educação, a sociologia urbana, a sociologia da saúde, a sociologia econômica, a sociologia jurídica, a sociologia financeira, a sociologia do trabalho, a sociologia da família etc. Todas as vertentes procuraram analisar como as sociedades funcionam e se transformam para controlá-las e modificá-las. Por isso, a sociologia também procura entender as dificuldades de funcionamento dessas sociedades.

Introdução à sociologia

4. **Se eu tenho minha própria opinião sobre um fenômeno social, sou um sociólogo?**

Cada pessoa tem a sua própria opinião sobre os fenômenos sociais e sobre a sociedade. Porém, a diferença dessas pessoas para os sociólogos é que esses profissionais são cientistas, o que significa que precisam comprovar cientificamente os fatos reais – e não apenas transmitir o que pensam.

A sociologia é uma ciência humana e social. Não é uma ideologia ou um gênero literário, mas uma **ciência**.

O sociólogo é quem vai se aproximar da realidade social. Quando vai expressar seu ponto de vista, ele deve pesquisar e verificar os fatos antes de falar qualquer coisa. Como disse Peter Berger, o sociólogo estuda tanto grupos e instituições quanto atividades, dessas de que os jornais falam diariamente. A graça da sociologia, portanto, é fruto de sua capacidade de nos fazer ver o cotidiano em que vivemos sob outra ótica.

5. **O que faz o sociólogo?**

O sociólogo sempre tenta compreender os mecanismos das atividades humanas, as relações entre os indivíduos ou entre os grupos sociais. Para compreender a sociedade, na maioria do tempo, o sociólogo realiza estudos de campo para fazer observações e perguntas com base na metodologia que ele mesmo escolheu.

6. **O sociólogo faz um trabalho social?**

O sociólogo não faz um trabalho social. Enquanto o **trabalhador social** procura soluções para os problemas sociais, o sociólogo não desempenha essa função. É verdade que o conhecimento do sociólogo pode ajudar nessa questão, mas seu papel não é propor soluções. Ele existe para procurar, compreender, investigar e interpretar.

7. **Qual é a diferença entre *sociologia* e *psicologia*?**
A **sociologia** estuda **grupos de indivíduos**, enquanto a **psicologia** se foca apenas em um **único indivíduo**. Assim, a sociologia analisa a maneira com que a sociedade se forma e se transforma. Para isso, estuda as instituições, os grupos sociais e as interações entre os indivíduos. No fim das contas, a sociologia estuda a vida social, enquanto a psicologia estuda o comportamento, as ações e as crenças de um determinado indivíduo.

8. **Onde um sociólogo pode trabalhar?**
O sociólogo pode ser professor de ensino médio ou coordenar ou lecionar cursos de ensino superior, dependendo do seu grau de escolaridade. Pode publicar seus resultados em revistas especializadas, colunas de jornais, *sites* etc. Pode trabalhar, também, nas funções relativas à política local, regional e nacional, nos ministérios, nas instituições sindicais, associativas e patronais, nas gestões de empresas públicas, nas organizações não governamentais (ONGs) ou nas empresas privadas, geralmente desenvolvendo projetos sociais. Pode ainda exercer funções como assessoria e prestação de consultorias, mediação de conflitos, levantamento de dados para diagnóstico e análise de programas de educação, trabalho etc., ou elaboração e edição de textos para material didático na área da sociologia.

9. **Quais são as qualidades de um sociólogo?**
O sociólogo precisa ter curiosidade para saber mais coisas sobre a sociedade e os indivíduos que nela atuam. Além disso, deve ser objetivo para produzir um trabalho justo, não deve dar voz a seus preconceitos e precisa ser rigoroso para apurar o que pensa. É, também, uma pessoa inovadora, que tenta se

Introdução à sociologia

••

perguntar coisas que os outros não se perguntaram antes. Precisa ainda ter capacidade de se colocar no lugar de outras pessoas.

Outra característica fundamental ao sociólogo é gostar de ler, pois esse tipo de profissional passa muito tempo em contato com os livros, sejam sobre atualidades, sejam obras de outros sociólogos. Por fim, o sociólogo certamente deve gostar de escrever para explicar o que estudou e seus resultados.

10. **Para que serve a sociologia?**

A sociedade é cada vez mais complexa, então existem, cada vez mais, fenômenos sociais que não são analisados. Dessa forma, a sociologia é uma ciência sempre necessária para poder analisar os novos **fenômenos sociais** e ajudar as instituições e os grupos a conhecer melhor as desigualdades, a vida social, as normas, a cultura, as crenças, as representações etc.

••

Fonte: Adaptado de Mougeolle, 2015.

Síntese

Neste primeiro capítulo, apresentamos uma introdução à sociologia e explicamos como se deu o surgimento dessa área como ciência que busca compreender a sociedade. Analisamos como a sociologia se estruturou por meio das principais perspectivas sociológicas defendidas por Auguste Comte, Émile Durkheim, Karl Marx e Max Weber – ou seja: funcionalismo, marxismo e interacionismo simbólico.

Constatamos que, além da análise do fenômeno religioso por meio da sociologia, existem outros aspectos sociológicos importantes para quem quer realizar um trabalho religioso na sociedade atual em que vivemos e percebemos a importância de realizar um estudo sociológico sob uma perspectiva neutra e objetiva, isto é, sem um viés dogmático.

Atividades de autoavaliação

1. Até o século XV, qual era a base do conhecimento que predominava na sociedade?
   a) O conhecimento sociológico.
   b) O conhecimento filosófico.
   c) O conhecimento teológico.
   d) O conhecimento científico.

2. Com relação ao que afirma a sociologia, assinale verdadeiro (V) ou falso (F):
   ( ) Constitui-se em um ramo de estudo muito antigo como disciplina organizada.
   ( ) Constitui-se em um campo de estudo que procura investigar a vida humana e suas relações sociais.
   ( ) Tem por objetivo sistematizar a teologia para que se possa estabelecer e analisar os dogmas e as crenças religiosas de todas as religiões que existem na sociedade.
   ( ) Tem por objetivo sistematizar o estudo dos fenômenos sociais, identificando sua causa e apontando meios de solucioná-los quando se constituíssem em problema para a sociedade.

3. Auguste Comte, um dos principais pensadores da sociologia, desenvolveu o que ele definiu como Lei dos Três Estágios. Quais são esses três estágios?
   a) Teológico, físico e positivo.
   b) Teológico, metafísico e negativo.
   c) Sociológico, metafísico e positivo.
   d) Teológico, metafísico e positivo.

4. Quanto a Marx e seus conceitos, assinale verdadeiro (V) ou falso (F):

( ) Suas ideias são semelhantes às teorias sociológicas desenvolvidas por Durkheim e Comte.

( ) Suas ideias se baseiam em estudos que envolvem pressupostos sociais, políticos e econômicos.

( ) Suas ideias serviram como base doutrinária e ideológica para países de viés socialista.

( ) **Suas ideias influenciaram significativamente os aspectos econômicos da sociedade, fortalecendo, assim, o capitalismo.**

5. Quais são as principais perspectivas sociológicas?
    a) Funcionalismo, marxismo e interacionismo simbólico.
    b) Funcionalismo, capitalismo e interacionismo simbólico.
    c) Funcionalismo, capitalismo e marxismo.
    d) Funcionalismo, positivismo e interacionismo simbólico.

Atividades de aprendizagem

Questões para reflexão

1. Depois de entender como se deu o surgimento da sociologia, descreva, com suas palavras, os pontos que você achou mais significativos, procurando relacionar seu aprendizado com a sociedade atual.

2. Você acha que é possível desenvolver um estudo sociológico a partir da neutralidade e da objetividade? Se sim, como?

3. Quais são as principais perspectivas sociológicas? Comente brevemente sobre cada uma delas e não se esqueça de relacionar quem são os sociólogos clássicos e com quais vertentes eles estão relacionados.

4. Em sua opinião, qual perspectiva sociológica faz mais sentido para analisar a sociedade?

5. Entre as questões sociológicas indicadas no último item do capítulo, qual foi a que mais lhe chamou a atenção? Após pesquisar nas referências bibliográficas indicadas, escreva dois parágrafos sobre a questão que, para você, é mais pertinente.

capítulo dois

O início de uma sociologia da religião: as teorias sociológicas sobre o fenômeno religioso

Da mesma forma que a complexidade e a multiplicidade das transformações na sociedade e nas relações humanas suscitaram uma separação no campo do conhecimento – o que deu origem à sociologia –, com o progresso do conhecimento da sociedade, foi imprescindível que a própria sociologia fosse desmembrada em áreas específicas. Obviamente, tal divisão não significa que os campos são independentes entre si e não devam ser interligados. São, na verdade, interdependentes, apresentando uma relação aproximada e necessária.

    De acordo com Lakatos e Marconi (1991), coube a Comte estruturar uma classificação das ciências, com base em seu grau de relação com o homem. Essa hierarquia iniciou com as ciências naturais – astronomia, física, química e biologia – e culminou com as ciências sociais, sendo que a sociologia recebeu lugar de destaque, "definindo seu campo de estudo e sistematizando seu conteúdo" (Dias, 2012, p. 58).

Comte também contribuiu significativamente ao dividir a sociologia em dois campos principais: **estática social**, que estuda as forças que mantêm a sociedade unida; e **dinâmica social**, que estuda as causas das mudanças sociais. Recentemente, Ferreira (1969) sugeriu a seguinte divisão da sociologia: sociologia geral, sociologia aplicada, sociologia especial e sociologia experimental.

Nessa mesma perspectiva, Lakatos e Marconi (2008) contribuem significativamente ao sugerir que o mais apropriado seria estabelecer o estudo sociológico em categorias específicas. Portanto, não seria uma divisão, mas sim uma **categorização** em sociologias específicas, definidas da seguinte forma: sociologia da família, sociologia da educação, sociologia do trabalho, sociologia ambiental, sociologia da administração, sociologia da arte, sociologia do conhecimento, sociologia da cultura, sociologia econômica, sociologia das organizações, sociologia jurídica, sociologia médica, sociologia do esporte, sociologia política, sociologia das relações de gênero, sociologia urbana, sociologia da violência e criminalidade, sociologia da linguagem etc.

É exatamente nessa perspectiva que se enquadra o objeto de estudo desta obra: a sociologia da religião. É por isso que, neste capítulo, vamos demonstrar como a sociologia analisou o papel e o fenômeno religioso em seus primórdios, ou seja, como foi o início de uma sociologia da religião propriamente dita.

2.1 Propostas de uma nova religiosidade

Como vimos anteriormente, as transformações sociais e econômicas que surgiram no mundo a partir do século XVI instigaram o surgimento do modernismo e do capitalismo. Tais transformações na sociedade alteraram, da mesma forma, a maneira como o ser humano percebe e vivencia a religiosidade. Dias (2012, p. 41) destaca que, nesse contexto, a "sociologia fez uma crítica da religião de seu tempo", e tal crítica instigou uma reação contrária a boa parte do que a religião da época pregava – afinal, a religião começava a ser questionada.

Nessa perspectiva, novas leituras da sociedade começaram a emergir, instigando que respostas possíveis fossem oferecidas nessa relação entre sociedade e religiosidade, contribuindo, assim, com alguns ideais de uma religião fundamentada na razão e/ou de uma religião civil regida pelo Estado, conforme será possível perceber nos conceitos e nas propostas de uma nova vivência sociorreligiosa, explicada a seguir.

2.1.1 Jean-Jacques Rousseau e a religião civil

Já reiteramos que a análise dos sociólogos se fundamenta no fenômeno social não somente para refleti-lo, mas também para, se possível, nele intervir e melhorá-lo. É nessa perspectiva que Jean-Jacques Rousseau entendeu que o Estado poderia estabelecer uma religião que se fundamentasse em promover "os ideais e a coesão da nação" (Dias, 2012, p. 41). Tal perspectiva seria concretizada por meio do que ele denominou *religião civil*. Dessa forma, segundo ele, seria possível criar uma união da sociedade.

Saiba mais

Jean-Jacques Rousseau nasceu em Genebra (Suíça), no dia 28 de junho de 1712. Rousseau foi um admirável filósofo e escritor de seu tempo (e um dos mais relevantes). Contribuiu, também, como teórico político e compositor autodidata. É respeitado como um dos maiores filósofos do **Iluminismo** e precursor do **Romantismo**. Rousseau faleceu no dia 2 de julho de 1778, em Ermenonville (França).

Fonte: Elaborado com base em Rousseau, 1978.

Para configurar seu ideário religioso, Rousseau partiu do pressuposto básico de uma sociedade fundamentada em três valores, que constituem, historicamente, a base dos **direitos humanos** e são, ao mesmo tempo, **universais**, isto é: **igualdade, liberdade** e **fraternidade**. Devemos lembrar que esses valores foram fundamentais para a realização da Revolução Francesa (Rousseau, 1978).

Na base de seu pensamento basilar, o filósofo fez a distinção entre **vontade geral** e **vontade individual**. Dias (2012, p. 42-43, grifo do original) resume bem essa diferença ao afirmar que, para Rousseau, "A vontade geral se estabelece através de um consenso das vontades individuais. Esse consenso se torna algo efetivo na realização de um pacto que ele chama de *contrato social*. [...], a vontade geral tende ao bem comum, pois ela não serve a vontades particulares".

Nesse sentido, a vontade geral se estabelece por meio do **consenso**, do desejo de todos para que se alcance o melhor para toda a sociedade. O grande problema na sociedade identificado por Rousseau é a **discórdia**, provocada pelas vontades individuais. Por isso, a vontade individual deve ser **restringida** em detrimento de um bem maior, isto é, a vontade geral. É por isso que se faz necessário que a vontade geral – a vontade da sociedade – se estabeleça e seja confirmada por meio de leis. A lei reitera a vontade geral e a soberania do povo em escolhê-la. Para tanto, surge a necessidade do **legislador**, que, para Rousseau, exerce um papel social fundamental na sociedade.

Sendo assim, a escolha de uma religião não deveria ser realizada de forma individual, ou seja, as pessoas não teriam a liberdade de escolher sua própria religião. Pelo contrário, "há, pois, uma profissão de fé puramente civil, cujos artigos competem ao soberano fixar" (Rousseau, 1978, p. 194). Em outras palavras, a religião não se fundamenta em dogmas místicos, mas sim em uma **sociabilidade** necessária dirigida pelo Estado por meio de dogmas civis. Trata-se, portanto, de uma **religião civil**, com fins de uma convivência harmoniosa na sociedade.

Nesse contexto, segundo a interpretação de Rousseau, qualquer religião que questione a vontade geral ou invoque para si a exclusividade da salvação[1] é, afinal, perigosa e deveria ser banida. Na verdade, tal perspectiva só seria possível se a religião deixasse de ser um poder paralelo ao do Estado, visto que não cabem duas esferas de poder numa mesma nação, "por isso, a necessidade de que o Estado estabeleça uma religiosidade que seja a de todo cidadão" (Dias, 2012, p. 43).

Ao que tudo indica, os princípios instituídos por Rousseau influenciaram algumas nações. Segundo Johnson (2001), a formação dos Estados Unidos, por exemplo, deu-se com base em valores cultivados pela pátria, um conceito que se aproxima do que se entende como uma religião civil. Como o estado republicano tinha suas bases constituintes no protestantismo, esses valores foram fundamentais no "modo de vida americano, [que] começou a servir de credo funcional das escolas públicas, sendo gradualmente aceito como a filosofia social da educação estatal do país" (Johnson, 2001, p. 526).

---

1   Rousseau questiona o catolicismo justamente pelo seu universalismo e por apresentar uma divisão entre pátria celestial e terrena (Dias, 2012). Para ele, o catolicismo deveria ser banido do Estado (Rousseau, 1978).

Outro exemplo é o próprio Brasil. Para Azevedo (1981), em diversos momentos históricos, a nação brasileira experimentou diferentes religiosidades de Estado, como o catolicismo e o positivismo. Assim sendo, é possível constatar que tais realidades, tanto dos Estados Unidos como do Brasil, se aproximam, portanto, de uma religião que permeia o Estado, configurando-se, como defendia Rousseau, no ideário de uma religião civil. Atualmente, ainda é possível perceber como tais influências constituíram a base do pensamento filosófico ocidental, contribuindo (para o bem ou para o mal) no modo de vida das sociedades americana e brasileira imbricadas na religiosidade.

2.1.2 Os socialistas utópicos: nova religião e nova sociedade

Entre os sociólogos e/ou críticos da religião encontram-se os **socialistas utópicos**, reconhecidos também como *reformadores sociais*. Segundo Dias (2012, p. 42, grifo nosso), esses estudiosos eram assim denominados por "fazerem a proposta de uma sociedade ideal. Dentre eles temos o **Conde de Saint-Simon**, **Charles Fourier** e **Pierre-Joseph Proudhon**, que propõem a instituição de uma nova sociedade".

Já constatamos que as revoluções ocorridas no passado impactaram significativamente a vida religiosa. No caso da Revolução Francesa, o impacto foi tão significativo a ponto de instigar certa **descristianização** na sociedade. Os precursores desse movimento estavam, principalmente, entre os intelectuais da época; e foi a partir de suas reflexões que se buscou estabelecer as bases de uma nova ideia religiosa (Dias, 2012). Obviamente, esse movimento foi influenciado pelos ideais de Rousseau. Sua ênfase, contudo, era de um **culto ao ser supremo**, cujo objetivo era a formação do indivíduo por meio da moralidade republicana. Com a contribuição de Dias (2012), estudaremos, em síntese, alguns desses intelectuais da religiosidade secular e quais eram seus principais ensinamentos.

O novo cristianismo de Saint-Simon

Claude-Henri de Rouvroy (1760-1825), conhecido também como Conde de Saint-Simon, foi um filósofo francês. Como editor de livros, teve entre seus colaboradores ninguém menos que Auguste Comte. Seus estudos se fundamentavam na **compreensão do desenvolvimento histórico, científico e industrial** da sociedade de sua época para que, assim, fosse possível transformá-la.

O Conde de Saint-Simon percebeu, na Revolução Francesa, a oportunidade de uma profunda reforma social que potencializasse o conhecimento científico e o desenvolvimento industrial. No aspecto religioso, o filósofo, no fim de sua vida, instigou a criação de uma **nova religião** com **convergências cristãs**. Segundo ele, "A nova organização cristã criará as instituições temporais, como também as instituições espirituais, com base no princípio de que todos os homens devem se ver uns aos outros como irmãos" (Saint-Simon, citado por Dias, 2012, p. 49).

É nessa perspectiva de fraternidade e caridade que essa nova religião serviria como potencializadora de uma **justiça social equânime**. Para tanto, seria necessário se libertar da "tutela intelectual do clero, [...] [gerando] a emancipação dos *produtores* através da aquisição do conhecimento científico e prático" (Dias, 2012, p. 49, grifo do original).

Suas ideias se espalharam a ponto de seus seguidores (discípulos) criarem uma Igreja Saint-Simoniana, buscando adeptos entre os operários da época. Mais tarde, a liderança do novo movimento religioso Saint-Simoniana se fragmentou, motivada por discussões entre eles mesmos. Com tal fragmentação, a igreja deixou de existir.

Charles Fourier e o princípio da atração apaixonada

François Marie Charles Fourier (1772-1837) foi um francês da cidade de Besançon fortemente influenciado pelas concepções de Rousseau. No entanto, o que mais lhe incomodava era o problema social da desigualdade provocada pelo capitalismo. As concepções religiosas estavam significativamente imbricadas no desenvolvimento de seu conhecimento, afinal, "a própria ideia de Deus é um *a priori* para sua construção social" de Fourier (Dias, 2012, p. 50). Para ele, Deus era um princípio ativo e motor, e a matéria, em contraposição, um princípio passivo.

Nesse sentido, Fourier estabelece o **princípio da atração apaixonada**, segundo o qual, para o ser humano encontrar a felicidade por meio de uma ordem geral, seria necessário "descobrir uma lei análoga no mundo físico", ou seja, os "mesmos princípios encontrados por Newton no meio físico deveriam ser encontrados no meio social" (Dias, 2012, p. 50), estabelecendo, portanto, uma profunda ligação entre o mundo físico e o espiritual. Essa ligação se concretizou no que ele denominou *sistema societário*, que se baseava na seguinte forma:

> *Pequenos grupos devem se unir espontaneamente pelo desejo de realizar um trabalho, uma paixão comum. Os pequenos grupos se unem com outros grupos também por afinidade até formarem uma série. A relação das séries entre si, em pequena escala, é o que Fourier chama de falange. A reunião de várias falanges dá a formação ao falanstério, imaginado por Fourier como uma comunidade de até 1.620 pessoas.* (Dias, 2012, p. 50, grifo do original)

Portanto, tratava-se de um **sistema comunitário social** movido pela **paixão humana**. Para Fourier, seria por meio do princípio da atração apaixonada, concedida por Deus aos homens, que se poderia construir e estabelecer uma nova sociedade, que evoluiria para uma nova humanidade.

Joseph Proudhon e a luta contra a religião

Pierre-Joseph Proudhon, de Besançon, França (1809-1865) foi um dos mais radicais na análise da realidade social de sua época. Sua obra *A filosofia da miséria* (2007) trilha por uma explicação sistemática da economia em detrimento da miséria provocada pelas transformações sociais ocasionadas pelo capitalismo. Sua análise, portanto, buscava contribuir com a construção de uma **sociedade igualitária**. Para ele, só "o fato de a propriedade existir já constituía um roubo" (Dias, 2012, p. 52) e sua estatização não era o caminho mais viável. O ideal era que o produtor fosse o coproprietário num **sistema cooperativista**.

No entanto, essa sociedade igualitária só seria possível com a libertação de qualquer ideal totalitário, absoluto, arbitrário, dominador, místico, estatal etc. Tais percepções instigaram o que, posteriormente, ficou conhecido como *teorias anarquistas*. Nesse caso, como é possível perceber, a religião, portanto, deveria ser **desconsiderada** pelo homem. Em contrapartida, o ser humano deveria se atentar para o trabalho realizado com liberdade, potencializando no ser humano um ser criador e evitando, assim, qualquer tipo de alienação e subjugação. Para Proudhon, seria necessária uma "revolução social para estabelecer a autogestão democrática" (Dias, 2012, p. 53).

No aspecto religioso, Proudhon pode ser considerado um crítico ferrenho da Igreja e da religião, defendendo, inclusive, a necessidade de uma **sociedade laica**. Ele critica a Igreja, inclusive, por defender a propriedade.

> *Se a propriedade, porém, espontânea e progressiva é uma religião, é como a monarquia e o sacerdócio, de direito divino. De modo semelhante, a desigualdade das condições e das fortunas, a miséria, é de direito divino; o perjúrio e o roubo são de instituição divina, a exploração do homem pelo homem é afirmação – que digo? Manifestação de Deus.*
> (Proudhon, 2007, p. 259-260)

Para Proudhon, "a defesa da propriedade era o critério ético pelo qual ele se propunha a julgar a sociedade e também a religiosidade do seu tempo" (Dias, 2012, p. 54). É por isso, então, que, para ele, a religião e o próprio Deus são **inimigos** de um desenvolvimento social justo e igualitário para a sociedade e, portanto, devem ser combatidos.

Suas ideias velozmente se difundiram pelo continente europeu, influenciando muitas pessoas e muitas organizações. Por causa desses conceitos, Proudhon foi considerado um dos autores mais significativos, e suas obras serviram como fundamento para a elaboração de boa parte das teorias anarquistas. Seu pensamento influenciou os teóricos de uma posterior sociologia da religião – Karl Marx, por exemplo –, como constataremos no próximo capítulo.

2.1.3 Auguste Comte e a religião da humanidade

Após termos abordado, na parte em que falamos sobre o surgimento da sociologia, algumas questões introdutórias sobre o positivismo, voltamos a falar de Auguste Comte – agora, focando em sua relação com a religião. Vale relembrar que o positivismo se utiliza do método científico em seus estudos, igualando as relações humanas à natureza. Sendo assim, do mesmo modo que a natureza é regida por leis imutáveis, a sociedade adota também padrões predefinidos. Para o positivismo, portanto, o objetivo do estudo social se fundamenta na manutenção da ordem, visando ao progresso. Ressaltamos, ainda, que, para tal estudo, faz-se necessária a neutralidade do sociólogo diante dos fatos estudados.

Com o passar do tempo, Comte ampliou a sua compreensão da doutrina positivista, propondo o surgimento de uma **religião da humanidade**, da qual ele se autoproclamou sumo sacerdote. Assim,

> Comte passou a assinar suas circulares – aos novos discípulos que conseguiu reunir – como "fundador da religião universal e sumo sacerdote da humanidade". Comparou suas circulares aos discípulos com as epístolas de São Paulo [...]. Os membros se cotizaram para assegurar a subsistência do mestre e fizeram os votos de espalhar sua mensagem.
> (Dias, 2012, p. 56)

Indubitavelmente, o desenvolvimento sociológico de Comte avançou, ganhando reforço significativo de pressupostos religiosos, inclusive com ritos, sacerdotes, discípulos, textos "sagrados" etc. Com tanta dedicação, seu ideal positivista se espalhou pelo mundo, influenciando muitas pessoas de diversos segmentos da sociedade – como foi o caso do Brasil, onde, conforme já comentamos, os primeiro republicanos foram influenciados por esses ideais.

Dias (2012) ressalta alguns aspectos importantes do pensamento social de Comte que estão diretamente relacionados à religiosidade:

- Adotava a ideia de que a organização da Igreja Católica poderia servir como modelo (estrutural e simbólico) para uma nova sociedade.

- Considerava a ideia do monoteísmo como um importante passo que culminava com a unidade de entendimento do homem.
- Achava que a alma humana poderia se aperfeiçoar por meio do altruísmo (deixando o egoísmo de lado), vivendo uns para os outros – uma perspectiva social que potencializava o fundamento da moral.
- Instigava à busca de tudo o que fosse considerado verdadeiro e bom, contribuindo, assim, com o ser humano.

É, portanto, exatamente mediante tais pressupostos que Comte apontava para uma nova religião, uma religião única, da qual todas as demais religiosidades (sínteses parciais, segundo ele) deveriam se acercar. Ele afirmava que:

> Não existe, no fundo, senão uma única religião, ao mesmo tempo universal e definitiva, para a qual tenderam cada vez mais as sínteses parciais e provisórias, tanto quanto o comportavam as respectivas situações. A esses diversos esforços empíricos sucede agora o desenvolvimento sistemático da unidade humana, cuja constituição direta e completa tornou-se enfim possível graças ao conjunto de nossas preparações espontâneas. (Comte, 1934, p. 44)

Toda essa perspectiva religiosa está fundamentada na relação que Comte faz com as leis morais. Aliás, para ele, a sociologia é uma **disciplina da moral** (Dias, 2012). Dessa forma, por meio da moral positivista, o ser humano seria um exemplo e, ao mesmo tempo, serviria à humanidade.

De fato, Comte estabeleceu uma verdadeira relação entre religião e sociedade e seus ideais eram revestidos de ritos e modelos religiosos. Dias (2012, p. 60, grifo do original) sintetiza muito bem essa questão ao afirmar:

A religião da humanidade segue o lema: O amor por princípio, e a ordem por base, o progresso por fim. *Para alcançar esses fins, Comte irá propor um culto positivo com a finalidade de aprimorar a vida moral. O culto positivo inclui a leitura de obras, a fim de dirigir os adeptos nas boas leituras [...]. Comte considerava como parte integrante da religião da humanidade a oração. No caso, a oração deve ser entendida não como uma experiência mística, mas como expressão dos melhores sentimentos do homem, seguindo aqui as ideias sobre a essência da religião de Ludwig Feuerbach [...]. A oração é vista com um instrumento de aperfeiçoamento moral que deve levar o homem à ação altruísta.*

Além disso, Comte também definiu outros aspectos semelhantes às tradições religiosas:

- Culto em três níveis – pessoal, doméstico e público.
- Nove sacramentos sociais reconhecidos – apresentação, iniciação, admissão, destinação, casamento, madureza, retiro, transformação e incorporação.
- Sacerdócio por meio das mulheres (no lar) e do educador social (em público).

Apesar de todo estereótipo comum às religiões, a proposta de Comte se distinguia das demais religiosidades pelo caráter sagrado atribuído à **ciência**. Para ele, o conhecimento científico conduziria o ser humano "ao aperfeiçoamento moral" (Dias, 2012, p. 61) e, a partir de um processo contínuo da individualidade do ser humano (por meio da educação), ele chegaria ao desenvolvimento social adequado. O ser humano, assim, alcançaria um patamar divinizado para que se sobressaísse o seu aspecto altruísta.

Em síntese, a proposta da religião da humanidade cunhada por Comte estava baseada em sua doutrina positiva focada em amor, ordem e progresso; e tal perspectiva se concretizava mediante uma hierarquia de valores baseada na **ciência** e na **razão**. Não há como não afirmar que essa proposta era ousada. Como é possível perceber, Comte exerceu forte influência mundo afora – inclusive no Brasil, já que, como afirma Dias (2012), pode-se considerar que os pressupostos positivos contribuíram significativamente com a separação entre Igreja e Estado no Brasil, bem como na proclamação e na constituição da República.

Síntese

Neste segundo capítulo, discorremos sobre como se deu o início da sociologia da religião, após a divisão da sociologia em diversos ramos do conhecimento e constatamos que a sociologia fez uma crítica da religião de seu tempo, estimulando uma reação contrária aos fundamentos religiosos da época.

Analisamos os primeiros trabalhos do fenômeno religioso com enfoque mais sociológico em Rousseau, Saint-Simon, Fourier, Proudhon e Comte, percebendo que novos ideais religiosos fundamentados na razão ou numa possível religião civil regida pelo Estado surgiram como propostas de uma nova vivência sociorreligiosa.

Atividades de autoavaliação

1. Auguste Comte categorizou os ramos da ciência para que o conhecimento fosse facilitado. Essa classificação se deu em:
   a) ciências naturais e ciências matemáticas.
   b) ciências exatas e ciências sociais.
   c) ciências naturais e ciências sociais.
   d) ciências sociais e ciências humanas.

2. As transformações sociais e econômicas ocorridas a partir do século XVI instigaram mudanças na maneira como o ser humano percebia e vivenciava a religiosidade. Considerando as mudanças que ocorreram à época e os fatos que começaram a emergir, assinale verdadeiro (V) ou falso (F):

( ) Surgiram novos estudos sobre o fenômeno religioso e como ele poderia contribuir com a sociedade sem o viés dogmático das religiões da época.

( ) Surgiram ideais de uma religião fundamentada na razão e/ou de uma religião civil regida pelo Estado.

( ) Surgiram novos aspectos teológicos, definidos pelas igrejas, que conseguiram contribuir com a vida social.

( ) Surgiram ideais teocráticos segundo os quais a religião teria o direito de controlar o Estado e, assim, estabelecer o modo de vida social naquele tempo.

3. O que representava a concepção de Rousseau sobre a religião civil?

a) Rousseau entendeu que a sociologia e a teologia poderiam estabelecer um senso comum para que ideias religiosas tivessem base social.

b) Rousseau entendeu que o Estado poderia estabelecer uma religião que se fundamentasse em promover os ideais e a coesão da nação.

c) Rousseau entendeu que Estado e religião constituem conceitos totalmente antagônicos e, por isso, não há consenso de como ambos podem ser relacionar.

d) Rousseau entendeu que o Estado deveria banir todo tipo de religião existente na época para que uma nova sociedade surgisse por meio de um viés ateísta.

4. Rousseau entendia que era necessário estabelecer uma sociedade fundamentada em três valores que constituem a base dos **direitos humanos** e são, ao mesmo tempo, **universais**. São eles:
   a) Igualdade, liberdade e unidade.
   b) Igualdade, trabalho e fraternidade.
   c) Liberdade, solidariedade e fraternidade.
   d) Igualdade, liberdade e fraternidade.

5. Quais eram os principais objetivos de Comte ao criar a religião da humanidade?
   a) Aperfeiçoamento espiritual.
   b) Aperfeiçoamento social.
   c) Aperfeiçoamento moral.
   d) Aperfeiçoamento cultural.

Atividades de aprendizagem

Questões para reflexão

1. Constatamos que a sociologia surgiu com Auguste Comte e que ele a categorizou para que o conhecimento fosse facilitado. Lakatos e Marconi (2008) contribuíram indicando áreas específicas para o estudo sociológico. Escolha três dessas categorias, pesquise sobre elas e apresente-as.

2. Quando estudamos sociologia da religião, devemos ter uma abordagem baseada na fé ou na ciência? Por quê?

3. Por que os primeiros sociólogos pensaram em uma nova religião para a humanidade?

4. O que representava a ideia de Rousseau sobre a religião civil?

5. Descreva, resumidamente, a ideia principal dos socialistas utópicos naquilo que se refere à religiosidade.

capítulo três

Os clássicos da sociologia da religião

A separação capitular desta obra foi realizada de modo a facilitar a compreensão do tema. Porém, precisamos deixar claro que, apesar de tal divisão, o conhecimento e o desenvolvimento desses pressupostos sociológicos da religião se deram de forma compartilhada e progressiva. Dessa forma, o mesmo contexto descrito no capítulo anterior tem relação direta e total com o que será apresentado neste capítulo, que traz um enfoque especial nos **pensadores clássicos da sociologia da religião**.

Em primeiro lugar, cabe salientar que se tratam de clássicos da sociologia como um todo, e não só da sociologia da religião, visto que, como você pôde perceber, toda a base epistemológica da sociologia foi imbricada em Émile Durkheim, Max Weber e Karl Marx – não esquecendo, obviamente, de Auguste Comte (analisado anteriormente). Nesse sentido, Martelli (1995, p. 29) destaca que

Essa "centralidade" da religião para a Sociologia é evidente nas obras dos "clássicos", isto é, dos autores que com suas obras teorizaram e exemplificaram o procedimento da Sociologia como ciência [...]. Os clássicos da Sociologia enfrentaram a questão dentro da tentativa mais ampla de individuar as características da nova sociedade que se estava delineando, no começo do século XIX.

É possível constatar, portanto, que a religião exerceu uma influência significativa no estudo da sociedade. Mesmo que a religião não fosse seu objeto de estudo primário, os sociólogos, ao analisarem a sociedade, tinham de, necessariamente, perpassar pelo fenômeno religioso da sua época para, assim, compreender as questões primordiais relacionadas às causas sociais provocadas pelas grandes transformações da sociedade. A religião, portanto, como uma questão ética e comportamental, colocava-se como um "fator decisivo para explicar as estruturas e os processos que asseguravam a ordem e o controle social nas sociedades humanas" (Martelli, 1995, p. 31).

Antes, porém, de adentrarmos na análise desses clássicos, vamos apontar algumas questões pertinentes a como os clássicos teorizaram o que pode ser definido como *crítica da religião*, que, segundo Dix (2006), foi o ponto de partida necessário ao surgimento da sociologia da religião como disciplina específica.

3.1 Teoria social e a crítica da religião

Dix (2006, p. 11) afirma que "uma das influências mais expressivas para uma análise científica ou sociológica da religião teve-a, sem dúvida, a crítica da religião". De fato, temos, inicialmente, um período histórico de crítica à (e da) religião para, posteriormente, surgir a sociologia da religião como uma ciência estabelecida e independente. Esses críticos, mesmo não sendo sociólogos[1], contribuíram significativamente para que a religião estivesse no centro de uma análise social.

Vale salientar que, para Dix (2006), a crítica da religião é antiga e complexa e que, em cada momento histórico, desde os mais remotos tempos bíblicos (ele cita Moisés e Jesus, por exemplo), a crítica é feita tanto por quem está fora quanto por quem está dentro do contexto religioso. Porém, numa perspectiva científica, importa uma análise em que "a religião é geralmente criticada através da razão humana e na qual o crítico estabelece a sua posição fora da própria religião" (Dix, 2006, p. 12). Para o autor, tal possibilidade ocorre a partir das primeiras reflexões racionais e críticas baseadas na filosofia grega, que procura estabelecer a distinção necessária entre o fenômeno religioso e a teologia cristã.

Numa descrição histórica, temos o conflito entre a Igreja e a racionalidade da religião já no Iluminismo francês, que "encarou a religião, pelo menos na sua forma eclesiástica, como um meio com a capacidade de narcotizar as massas oprimidas" (Dix, 2006, p. 15). Já os filósofos David Hume e Immanuel Kant submeteram a religião "a uma análise crítica das capacidades da razão e do conhecimento" (Dix, 2006, p. 14) e, por isso, como tal, a religião deve ser ultrapassada. Outra crítica parte de Voltaire, que condenou o fanatismo religioso em seu país, abominando o absolutismo francês perpetuado pela Igreja Católica.

....
1   Dias (2012) afirma que, antes do século XIX, existiam *filósofos sociais*, e não *sociólogos*, como entendemos atualmente. Para ele, a diferença está no fato de que o filósofo social analisa como a sociedade poderia ser, enquanto o sociólogo analisa a sociedade como ela é.

As críticas mais incisivas, contudo, partiram de Ludwig Feuerbach, Friedrich Nietzsche e Sigmund Freud. Vejamos uma breve síntese do pensamento de cada um desses críticos na perspectiva de Dix (2006).

Ludwig Feuerbach

Considerado o mentor do ateísmo moderno, Ludwig Feuerbach (1804-1872) era crítico por excelência. Para ele, a religião é uma **projeção** e o homem é quem cria Deus a partir de sua própria imagem. Assim, "a religião é, para Feuerbach, a relação do homem com o seu próprio ser" (Dix, 2006, p. 16). Por isso, a única forma de o ser humano progredir seria se **libertando** da religião e da projeção ocasionada por ela no ser humano. Feuerbach escreveu o que ficou conhecido como a *Bíblia do ateísmo*. Tecendo sérias críticas ao cristianismo, ele foi seguido por muitos pensadores e influenciou muitos outros conceitos, como a sociologia de Marx e a psicanálise de Freud.

Friedrich Nietzsche

Já Friedrich Nietzsche (1844-1900) contribuiu significativamente com o início da sociologia no século XX, apesar de considerá-la uma "ciência da decadência". Com base em Weber e Simmel, Dix (2006, p. 18) afirma que a **psicologia do ressentimento** de Nietzsche "pode ser encarada como uma antecipação sutil da sociologia da religião", já que o crítico pretendia saber de onde surgiram a moral e as ideias ocidentais sobre o bem e o mal. Além disso, Dix (2006, p. 19) aponta que, para Nietzsche, "a ética religiosa, ou a religião em geral legitima, assim, as diferentes classes e permite uma identificação social dos membros".

Sigmund Freud

Discípulo do ateísmo de Feuerbach, Sigmund Freud (1856-1939) fez uma crítica à religião mediante sua teoria da **psicanálise**, ressaltando que a religião tinha, também, uma função sociopsicológica. Dix (2006, p. 19) resume bem a perspectiva de Freud ao dizer que, para ele, "a religião tem origem numa experiência traumática coletiva e revela-se como uma espécie de ilusão necessária para aguentar e suportar a realidade". Para Freud, a religião era parte intrínseca à toda sociedade e os conceitos religiosos, apesar de ilusórios, dirigiam a vida das pessoas. É por isso que, para esse pensador a "religião faz parte de um estado infantil da humanidade" (Dix, 2006, p. 20), e somente por meio da razão a humanidade poderia se desenvolver e progredir.

Dix (2006, p. 15) ainda destaca que, nesse ínterim, surgiram **outros pensadores** – como Joseph-Marie de Maistre (1753-1821) e Louis Vicomte de Bonald (1754-1840) – que destacavam o "papel estabilizante que a religião pode ter dentro da sociedade", isto é, a religião teria uma função **insubstituível** quando contribui com o estabelecimento de uma **ordem social**. Tal perspectiva foi aprofundada pelos clássicos da religião: Émile Durkheim, Max Weber e Karl Marx. Para eles, mesmo que ocorram críticas mais significativas (como o próprio Marx fazia), a religião tem um papel preponderante na realidade social e, portanto, não pode ser dispensada na análise da sociedade.

Vale ressaltar que esses três sociólogos nasceram em famílias de forte tradição religiosa e nenhum se tornou religioso praticante[2]. Aliás, segundo Giddens (2005), para eles, a religião deixaria de ser

---

2   Apesar disso, Hervieu-Léger e Willaime (2009, p. 74) afirmam que "como muitos protestantes liberais de seu tempo, Weber pode ser considerado como um protestante sem igreja".

importante nos tempos mais modernos. É por isso que a análise que fazem do fenômeno religioso parte de uma **concepção neutra**. Tal percepção, no entanto, ocorre com base em seus conceitos, pressupostos sociológicos e percepções da sociedade. No primeiro capítulo, percebemos o quanto cada um deles contribuiu com as diferentes abordagens sociológicas. Agora, veremos que tais diferenças ocorrem também na compreensão religiosa que fazem da sociedade.

3.2 Karl Marx e a crítica da religião

Segundo Giddens (2005), Marx nunca teve a intenção de estudar a religião de forma mais detalhada e profunda. Seu discurso não consiste numa análise sociológica da religião; em vez disso, trata-se de uma critica "filosófica e política da religião" (Hervieu-Léger; Willaime, 2009, p. 18). Como já antecipamos, Feuerbach exerce forte influência em Marx, e é a partir dessa e de outras influências que Marx analisa a realidade social em uma crítica à religião. Ele não era contra a religião, porém, para ele, a religião, ao discorrer sobre um mal maior (questão mística), tira do homem sua responsabilidade social. De acordo com a brilhante síntese de Hervieu-Léger e Willaime (2009), Marx percebe a religião como uma **alienação** que obscurece a percepção do mundo social e fortalece a legitimação da dominação e a perpetuação dos conflitos sociais. Assim,

> o homem faz a religião; a religião não faz o homem. Em outras palavras, a religião é a consciência de si mesmo do homem que ainda não se encontrou ou que voltou a perder-se. [...] A religião é o suspiro da criatura oprimida, o coração de um mundo sem coração, assim como é

o espírito de uma situação carente de espírito. É o ópio do povo. A abolição da religião enquanto felicidade ilusória do povo é necessária para a sua felicidade real. (Marx, 1974, p. 94)

Seguindo Feuerbach, Marx afirma que Deus é uma **criação da fábula humana** e que a "religião consiste em ideias e valores produzidos por seres humanos no decorrer de seu desenvolvimento cultural" (Giddens, 2005, p. 431), isto é, o próprio ser humano teria criado seus deuses e, por isso, não deveria temê-los. Conforme já apontado, Marx entende que a religião aliena e resguarda-se em um conformismo, indo na contramão das possíveis mudanças violentas que, para ele, eram necessárias, já que entende que toda revolução precisaria ser violenta – afinal, o Estado sempre contraporia com coerção a fim de conservar a ordem pela qual estabelece seu poder. Para Marx, o poder político do Estado é o poder de uma classe social dominante em detrimento das classes oprimidas. Aliás, nesse sentido, Dix (2006, p. 17) afirma que, para Marx, há "uma estreita ligação entre o aparecimento do cristianismo protestante e o aumento da classe burguesa". Löwi (2000) acrescenta que essa relação (protestantismo × capitalismo) recebeu particular atenção de Marx.

Sua percepção, portanto, é de que a religião cria uma cortina de fumaça que afasta o ser humano da sua realidade social precária, enquanto aponta recompensas e alegrias para um momento pós-morte, contribuindo para que ele aceite tudo passivamente, sem luta, sem transformação social e dignidade nesta vida. Segundo Giddens (2005), acrescenta-se ainda o fato de que a religião serviria como base para justificar as desigualdades e a injustiças sociais existentes no mesmo viés de **passividade** que, segundo Marx, é sugerida nos Evangelhos. Dix (2006) lembra, nesse sentido, que, para Marx, além de tudo isso, a religião é legitimadora da posse dos meios de produção por uma pequena classe dominante.

Toda essa análise e crítica da sociedade capitalista e da religião se dão com base no **método dialético**, que Dias (2012, p. 66) sintetiza da seguinte forma: "Esse método pensa a sociedade como espaço de contradição, como um lugar de luta dos diversos interesses. Nesse espaço de luta, a religião é a expressão do mundo real e também protesto contra esse mundo".

De fato, para Marx, por meio da **dialética** (influenciada pelo pensamento de Hegel) é que seria possível compreender a sociedade, já que ela se baseia na **contradição** e no **antagonismo**. Enquanto, para Hegel, a solução de tais contradições se daria no **mundo das ideias**, para Marx, elas só se resolveriam por meio da **ação histórica e social**, isto é, da luta para transformar as condições produzidas socialmente. Nessa perspectiva, conforme Marx, "a crítica da religião é também a crítica dessas condições sociais que a produziram" (Dias, 2012, p. 70) e, por isso, ele busca o fim do "religioso, que seria substituído pelo materialismo dialético, considerado como uma alternativa científica e progressiva" (Hervieu-Léger; Willaime, 2009, p. 18).

Outro aspecto fundamental para Marx é a busca do ser humano em se encontrar. Afinal, para ele, o ser humano está **fora de sua consciência**, razão por que:

> Deve procurar se encontrar não na religião, mas no próprio mundo do homem, que é o Estado, a sociedade. Sendo assim, Marx entendeu a religião como uma consciência invertida do mundo. Por que o homem vê a realidade de uma forma invertida? A resposta de Marx foi que isso acontece porque o Estado e a sociedade são também um mundo invertido. (Dias, 2012, p. 71)

Assim, ocorre uma relação de múltiplas interfaces, isto é, o mundo invertido é um mundo de angústia, de sofrimento, de traumas, de problemas etc. É esse mundo que produz a religião como uma **superestrutura**, como afirma Dix (2006), e instiga uma espécie de angústia religiosa. Num mundo de tanta angústia e sofrimento, a religião surge como solução, como remédio, como alívio, como saída. Ao dizer sua célebre frase – *a religião é ópio do povo* –, Marx estava afirmando, então, que a religião produz no ser humano os mesmos efeitos que o ópio em um doente, isto é, ajuda a amenizar a dor e o sofrimento, mas **não cura** a doença, que é a principal causa daquela angústia.

Para Marx, a "religião é vista como produto e, ao mesmo tempo, como causa da alienação, própria da sociedade capitalista" (Martelli, 1995, p. 42). Para resolver de fato esse problema social, o ser humano deveria, então, abandonar a religião – pelo fato de ela ser ilusória – e partir para a luta, para uma ação em que seja possível encarar a realidade com o objetivo de, enfim, vencer a opressão e o sofrimento presentes neste mundo.

Mesmo considerando que a religião se constitui um fator significativo contra as tão necessárias transformações, Marx reconhece que, em alguns momentos, a religião serviu como instrumento de **revolução**. Ele afirma, por exemplo:

> *O passado revolucionário da Alemanha é efetivamente teórico. Como outrora no cérebro do monge, é agora no filósofo que começa a revolução. Sem dúvida que Lutero venceu a servidão pela devoção, substituindo-lhe a servidão pela convicção. Quebrou a fé na autoridade, restaurando a autoridade da fé.* (Marx, 1974, p. 59)

O fato é que, para Marx, apesar de a Reforma Protestante ter contribuído de forma significativa com a revolução no século XIX, a religião não tinha tal poder e influência – pelo contrário, ajudava a perpetuar as desigualdades sociais e, por isso, a crítica a ela é significativamente radical em Marx.

Em uma obra sobre marxismo e religião, Lespaubin (2003) ressalta que, apesar das muitas afinidades entre Marx e seu amigo Engels, este último enxergava o potencial revolucionário da religião numa comparação entre os cristãos primitivos e os proletários de sua época. De acordo com Lespaubin (2003), estas eram suas similaridades:

- Ambos (cristãos primitivos e proletários) tinham uma origem social semelhante, isto é, simples e opressora.
- Ambos foram perseguidos por "classes dominantes".
- Ambos ansiavam por uma mensagem que apontasse para a libertação da miséria e da servidão.

Nesse mesmo sentido, Dias (2012) lembra que Engels viu, no episódio da revolta dos camponeses (no século XVI), o mesmo ideal revolucionário com uma "roupagem religiosa", envolvendo três grupos principais: os conservadores (católicos), os burgueses (luteranos) e os revolucionários (camponeses que seguiram os pregadores anabatistas[3]), ou seja, pelo menos para Engels, a religião poderia servir como uma **força reacionária** contra as injustiças sociais.

Conforme apontam Martelli (1995) e Dias (2012), é possível perceber que os conceitos marxistas receberam uma releitura de outros estudiosos (como Ernst Bloch e Antonio Gramsci),

---

3   De acordo com Menezes (2013, p. 1), o "anabatismo foi um movimento religioso protestante radical do período da Reforma Protestante do século XVI na Europa, caracterizado pela discordância das reformas realizadas por Lutero e Zuínglio. Ele pode ser considerado protestante, mas não reformado. Essencialmente, os anabatistas protestaram contra as reformas que não realizavam aprofundamentos e mudanças como idealizavam. Tal movimento, então, opôs-se a católicos e reformadores. Ele basicamente reivindicava a separação entre Igreja e Estado e a não aceitação do batismo infantil e pregava o próprio afastamento e isolamento da sociedade de modo pacífico. Esses elementos combinados causaram uma das maiores perturbações na Europa do século XVI".

que contribuíram, inclusive, para que suas bases epistemológicas fossem aderidas no seio de movimentos religiosos com um viés político-revolucionário. A teologia da revolução, de Richard Shaull[4], e a teologia da libertação[5] comprovam que as concepções marxistas serviram como base para uma discussão que envolveu a religião e a transformação da sociedade.

3.3 A função social da religião em Émile Durkheim

Já constatamos anteriormente que Durkheim foi um importante sociólogo que deu à sociologia um caráter **acadêmico**, "graças à delimitação de um método específico para a análise da sociedade" (Dias, 2012, p. 75). Hervieu-Léger e Willaime (2009) destacam que Durkheim influenciou e alimentou muitos estudiosos por meio de suas teorias. Ele se aprofundou nas análises já existentes do indivíduo e da sociedade e, como vimos no primeiro capítulo, forjou conceitos importantes para a análise sociológica, como *coesão social*

---

4   Huff Junior (2012, p. 1) afirma que "Richard Shaull atuou por dez anos no Brasil, entre 1952 e 1962. Nesse período, passou por um processo de radicalização política e religiosa que o levou à formulação de uma teologia da revolução. O fator principal dessa radicalização foi seu envolvimento com movimentos estudantis e ecumênicos. A partir de tais relações, mediadas por sua tradição teológica protestante e reformada (mormente dialética e neo-ortodoxa), bem como por instrumentais teóricos advindos das ciências sociais e humanas, Shaull se pôs a pensar a revolução social e a lhe atribuir sentido religioso e **teológico enquanto desafio urgente aos cristãos e às igrejas**".
5   Camilo (2011, p. 1) afirma que a teologia da libertação "é um movimento socioeclesial que surgiu dentro da Igreja Católica na década de 1960 e que, por meio de uma análise crítica da realidade social, buscou auxiliar a população pobre e oprimida na luta por direitos".

e *fato social*. E é nesse sentido que a religião exerce um papel significativo na sociedade de Durkheim, pois, para ele, é impossível haver coesão social sem a religião – ou seja, a religião **concede vida** ao ser humano.

Nessa perspectiva, a sociedade é, para Durkheim, a **fonte dos ideais humanos**. Sua análise sociológica da religião não foi tratada como algo sobrenatural, mas como um elemento integrante da consciência coletiva da sociedade. Giddens (2005) destaca que, diferentemente de Marx e outros estudiosos, Durkheim **não** associava a religião às desigualdades sociais, muito menos ao poder; pelo contrário, ele procurava "entender qual a função da religião na sociedade" (Dias, 2012, p. 79)

A obra de referência em que Durkheim realiza suas análises sobre a religião é *As formas elementares da vida religiosa* (Durkheim, 1989). Nesse clássico da sociologia, ele parte do pressuposto de que, para ser possível compreender de fato a continuidade tanto das formas tradicionais quanto das formas modernas da sociedade, é necessário aprofundar o conhecimento e investigar a origem religiosa de tal sociedade. Sua análise, como já explicado anteriormente, não está pautada numa crença de fé ou na existência de seres divinos sobrenaturais. Ela se dá por meio da **relação dicotômica** entre o **sagrado** e o **profano**. Para Durkheim,

> O sagrado e o profano sempre foram concebidos pelo espírito humano como gêneros separados, como dois mundos entre os quais não há nada em comum. Essa separação não significa que não possa existir nenhuma passagem de um mundo para o outro, mas essa passagem, quando tem lugar, põe em evidência a dualidade essencial dos dois reinos. (Hervieu-Léger; Willaime, 2009, p. 183)

Assim sendo, o sagrado e o profano se relacionam em forma de **negação**, distinguindo-se entre si. O sagrado está separado do profano por diversas prescrições e proibições rituais. Giddens (2005, p. 431) destaca que os objetos e símbolos sagrados "são tratados como se estivessem afastados dos aspectos rotineiros da existência, que fazem parte do domínio profano". O sagrado, representado por uma percepção simples escolhida por Durkheim, que é o **totemismo**, diferencia-se por ter caráter divino. Por exemplo, um animal sagrado se distingue de um animal comum, e quem define o que é sagrado é a própria sociedade.

Dias (2012, p. 80) resume bem essa caracterização do totemismo por parte de Durkheim ao afirmar:

> Dentre as formas religiosas, o totemismo é uma forma de religião que não tem deuses ou espíritos personificados. Os elementos religiosos que Durkheim encontrou no totemismo permitiram elaborar algumas das suas conclusões a respeito do sentimento religioso na humanidade. A natureza da religião totêmica deve ser procurada na organização da sociedade clânica. O clã será identificado pelo seu totem, e o totem do clã é o mesmo para seus membros [...]. No totemismo, há três espécies de objetos sagrados. A primeira é o totem, que é o eixo da dicotomia entre o sagrado e o profano. O seu caráter sagrado manifesta-se na observação de rituais que impedem que ele seja usado para fins utilitários. A segunda espécie é o emblema totêmico, que é a representação que se faz do totem em certos objetos ou que adorna as pessoas; aqui também temos uma série de prescrições e rituais com relação ao seu uso. A terceira espécie de objeto sagrado são os membros do clã, que também são considerados como sagrados, pois todo homem tem o nome do seu totem.

O totem é sagrado porque é o **símbolo** de todo o grupo, representando seus valores e suas crenças. A veneração pelo totem sagrado representa, na verdade, o respeito que os homens sentem por seus valores socialmente definidos (Giddens, 2005). Nessa mesma perspectiva, Durkheim analisa, ainda, as práticas rituais mediante uma configuração institucional determinada. Segundo ele,

> *Uma religião é um sistema solidário de crenças seguintes e de práticas relativas a coisas sagradas, ou seja, separadas, proibidas; crenças e práticas que unem na mesma comunidade moral, chamada igreja, todos os que a ela aderem [...], mostrando que a ideia de religião é inseparável da ideia de igreja, faz pressentir que a religião deve ser coisa eminentemente coletiva.* (Durkheim, 1989, p. 79)

Portanto, para Durkheim, essa configuração institucional definida, com suas práticas e seus ritos, é compreendida por ele como *Igreja*, isto é, uma organização cerimonial bem definida conectada por pessoas que praticam suas crenças. Uma coletividade que gera uma religiosidade que, por sua vez, gera uma comunidade de adeptos. Giddens (2005, p. 431) resume muito bem ao afirmar que "toda religião envolve atividades cerimoniais e rituais regulares, nos quais há reuniões de grupos de fieis. Nas cerimônias coletivas confirma-se e intensifica-se um sentimento de solidariedade de grupo".

Essa união/unidade afasta a pessoa dos problemas, da realidade profana, e a insere num mundo místico sagrado, colocando-a em contato com outra realidade, de forças superiores. É a influência do coletivo/social sobre o individual, e é ali que o indivíduo encontra forças para superar as dificuldades (como a morte) e comemorar os grandes momentos da vida (como o nascimento). Assim, "se a religião gerou tudo o que existe de essencial na sociedade, é porque a ideia de sociedade é a alma da religião" (Durkheim, 1989, p. 496).

Dias (2012) destaca, então, que, com base nessa realidade, Durkheim define onde está a chave da religião: na **força** experimentada pelo praticante religioso que está inserido em um grupo;

e tudo passa a ser sagrado – não pelas qualidades, mas porque o grupo assim definiu. Para Durkheim (1989), o religioso não é alguém que encontrou novas verdades sobre a sua própria realidade. Pelo contrário: é um ser que pode mais, e que pode porque a religião se tornou um sistema de forças que se evidencia na **coletividade**. Em concordância com Marx, Durkheim acreditava que, com o passar do tempo, por meio do **progresso** e o advento da **modernidade**, a religião deixaria de exercer uma influência significativa como exerceu no passado, em sociedades mais tradicionais. A ciência, para ele, tomaria o lugar de proeminência da religião e o **individualismo** poderia contribuir para esse fim. No entanto, ele não acreditava no fim da religião, pelo fato de considerar que ela seria uma "coisa eterna" (Dias, 2012, p. 82). Mesmo que as religiões tradicionais de seu tempo viessem a desaparecer, Durkheim acreditava que novas religiões surgiriam, ou ainda, como aponta Giddens (2005, p. 432), que surgiriam "novas atividades cerimoniais em substituição às antigas". Em suas próprias palavras:

> *Não pode haver sociedade que não sinta a necessidade de conservar e reafirmar, a intervalos regulares, os sentimentos coletivos e as ideias coletivas que constituem a sua unidade e a sua personalidade. Ora, essa restauração moral só pode ser obtida por meio de reuniões, assembleias, congregações, onde os indivíduos, muito próximos uns dos outros, reafirmam em comum os seus sentimentos comuns.* (Durkheim, 1989, p. 504)

Portanto, a religião, na perspectiva durkheimiana, é fundamental para a **coesão social** e para a **integração** dos indivíduos na sociedade (Martelli, 1995) e, por isso, detém valor fundamental no desenvolvimento de sua teoria social do conhecimento. Para Durkheim, "não há diferença de essência entre a lógica da religião e a lógica científica, apenas diferença de grau" (Dias, 2012, p. 83).

Em síntese, poderíamos dizer, então, que, para Durkheim, a religião consiste em um fator constitutivo e basilar da sociedade. Porém, da mesma forma, é a própria sociedade que produz a religião, proporcionando-lhe seu desenvolvimento.

3.4 Max Weber: racionalidade e religião

Já discorremos sobre os principais aspectos sociológicos de Weber no primeiro capítulo. A ênfase dos estudos de Weber se deu na investigação de três grandes temáticas: **poder**, **economia** e **religião** (Dias, 2012). Com relação à sua análise religiosa, Hervieu-Léger e Willaime (2009, p. 74) destacam que Weber manifestou, "com efeito, uma simpatia compreensiva pelo fenômeno religioso, que nada tem de antirreligioso ou de irreligioso". Cabe lembrar que Weber faz parte da **escola sociológica alemã**, que demonstra certa preocupação com a racionalidade ocidental. Por meio dela, Weber "Identificou a contribuição de uma ética marcada pela valorização do trabalho e por um modo ascético de vida. Ele demonstrou que a origem dessa ética se encontrava em determinados círculos protestantes, principalmente entre os adeptos do calvinismo" (Dias, 2012, p. 84).

É nessa perspectiva que o sociólogo escreveu sua obra mais importante e conhecida: *A ética protestante e o espírito do capitalismo* (Weber, 1983), na qual procura pautar o desenvolvimento do capitalismo em relação direta com o protestantismo, isto é, ele "faz a relação entre um elemento cultural e o surgimento de uma nova racionalidade econômica" (Dias, 2012, p. 87). De fato, ele evidencia o quanto as religiões ocidental e oriental influenciaram um desenvolvimento totalmente distinto de suas respectivas economias, afirmando que o protestantismo, de forma ingênua, contribuiu com a gênese da burocracia e do Estado racional. Dias (2012) afirma que Weber analisa esse fenômeno em sua teoria dos tipos ideais, que seriam:

- uma ética protestante com base na vocação ao trabalho e no estilo de vida ascético;
- o espírito do capitalismo como uma racionalidade de acúmulo de capital.

Weber era de origem protestante/calvinista. Para os calvinistas, o **trabalho** era um fator preponderante em suas vidas. Conquanto cressem na **predestinação**[6], essas pessoas procuravam agir de forma correta, evitando qualquer tipo de acusação. Para elas, por meio do trabalho, Deus era glorificado e o indivíduo teria sucesso na profissão. De acordo com Giddens (2005, p. 432), "Os primeiros empresários foram, em sua maioria, os calvinistas. Seu ímpeto para o sucesso, que auxiliou no início do desenvolvimento econômico ocidental, foi inicialmente induzido pelo desejo de servir a Deus. Para eles, o sucesso material era um sinal do favor divino" (Giddens, 2005, p. 432).

Ainda que a doutrina da predestinação tivesse enfraquecido, a ética de um **trabalho disciplinado** e a busca incessante pelo **sucesso** prosseguiram fortes no pensamento alemão. É por isso que, para Weber, um capitalista é disciplinado em seu trabalho. Com tal inclinação ao trabalho, a consequência natural seria o

---

6 Segundo o *Dicionário Bíblico Universal*, esta palavra tem o sentido da palavra grega *prooriso*, que significa "o ato de limitar ou de determinar antecipadamente" – referindo-se, dessa forma, aos altos desígnios de Deus (Buckland, 1994, p. 358).

enriquecimento, como resultado do legado que permeava a ética protestante.

Entretanto, Weber não se limitava a uma análise unilateral do cristianismo protestante. Giddens (2005, p. 432) destaca que o alemão iniciou "um estudo substancial sobre as religiões do mundo inteiro. Nenhum estudioso, antes ou depois dele, assumiu uma tarefa de tamanha abrangência". Weber analisou as grandes e tradicionais religiões presentes no mundo naquela época (já que estas inevitavelmente afetavam a história global): hinduísmo, budismo, taoísmo e judaísmo, não concluindo somente seu estudo sobre o islamismo (Giddens, 2005). Nesse sentido, Hervieu-Léger e Willaime (2009, p. 82) afirmam:

> *Para Max Weber, a religião é uma espécie particular de modo de agir em comunidade, da qual se trata de estudar as condições com os efeitos. Weber não aborda as religiões prioritariamente como sistemas de crenças, mas como sistemas de regulamentação da vida, que souberam reunir em torno de si massas particularmente importantes de fiéis. A partir disso, Weber vai se interessar pelos comportamentos práticos dos indivíduos e pelo sentido que eles dão a sua conduta [...] para melhor analisar o conjunto das consequências sociais.*

Desse modo, de forma oposta a Marx e Durkheim, Weber acreditava que a religião poderia ter uma **força revolucionária**, não sendo, portanto, conservadora. O pensador alemão se aprofunda em seus estudos com o intuito de analisar a influência da religião na vida social e econômica e, para ele, "as formas de vida associativa presentes nas religiosidades produzem o etos necessário às praticas econômicas" (Dias, 2012, p. 88).

No entanto, ao intuir sobre as diversas religiões em suas respectivas culturas, Weber constatou que, enquanto o protestantismo instigava o desenvolvimento econômico, gerando o capitalismo, as religiões de tradição oriental, por sua vez, ofereciam "barreiras insuperáveis para o desenvolvimento do capitalismo industrial da forma como ocorreu no ocidente" (Giddens, 2005, p. 432). Sua percepção, aliás, vai além, identificando, em algumas religiões, como o hinduísmo, o que ele definiu como *religião de outro mundo*, isto é, valores que instigavam a **fuga do apego material** em busca de um sentido espiritual superior.

Outro aspecto fundamental na análise sociológica da religião se dá nas distinções que Weber faz entre culto e magia. Segundo ele, numa perspectiva racional, a prática religiosa exigiria deuses universais e a sistematização da religião seria concretizada por meio de um **corpo profissional de sacerdotes**. Na falta destes, tal sistematização poderia ocorrer por meio do empenho dos leigos que, da mesma forma, estabeleceriam uma ordem racional. O culto, portanto, só poderia ser realizado por esses profissionais da religião (sacerdotes), pois eles é que poderiam se comunicar com as divindades. A magia, nessa mesma perspectiva, seria uma maneira de "forçar" os poderes espirituais a atender o desejo privado e particular do mago praticante. Assim, segundo Weber (2004, p. 295),

> Tanto no culto sem sacerdote quanto no mago sem culto falta, em geral, a racionalização das ideias metafísicas, bem como uma ética especificamente religiosa. Ambas as coisas somente costumam desenvolver-se quando há um sacerdócio profissional independente, adestrado para ocupação contínua com o culto e os problemas de orientação prática das almas.

Nessa perspectiva, é possível constatar que, para Weber, a religião, com o tempo, superaria a fase da magia e proporcionaria **comportamentos sociais racionalizados**, implicando transformações nas diferentes áreas da vida, com ênfase especial na vida econômica. Por fim, Weber identificou que a ênfase em relação ao trabalho por meio de um viés racional culminava em um relativo sucesso econômico. Porém, conforme afirma Dias (2012), a secularização superou a racionalidade religiosa na sociedade moderna, provocando um desencantamento do mundo e, assim, outras instituições assumiram o lugar da religião, diminuindo a influência da religião no modo de vida social e na própria sociedade.

Síntese

Neste terceiro capítulo, evidenciamos que a influência mais significativa para o surgimento de uma análise científica ou sociológica da religião foi precedida pela crítica da religião, realizada com base na razão, e vimos que as críticas mais incisivas partiram de Ludwig Feuerbach, Friedrich Nietzsche e Sigmund Freud. Constatamos também que, para Marx, a religião, quando se fundamenta em aspectos místicos, contribui para a alienação do ser humano, obscurecendo a real percepção do mundo social e fortalecendo a legitimação da dominação e a perpetuação dos conflitos sociais.

Analisamos a perspectiva de Durkheim, segundo a qual a religião concede vida ao ser humano. Nessa perspectiva, Durkheim não associava a religião às desigualdades sociais, muito menos ao poder – na verdade, procurava entender qual era a função da religião na sociedade. Vimos, por fim, que Weber manifestou uma simpatia significativa pelo fenômeno religioso, sem expressar conceitos antirreligiosos. Pelo contrário, ele conseguiu identificar a contribuição da religião por meio de uma ética marcada pela valorização do trabalho e por um modo ascético de vida.

Atividades de autoavaliação

1. As questões que suscitaram o estudo sociológico com enfoque religioso tiveram suas motivações em quê?
   a) Na religião como possibilidade de explicar as estruturas e os processos que asseguravam a ordem e o controle social nas sociedades humanas.
   b) Na religião como possibilidade de explicar as questões de credo e dogma que asseguravam a estabilidade da vida religiosa de seus adeptos.
   c) Na sociedade como possibilidade de explicar as questões voltadas para as ações religiosas desenvolvidas pelas instituições sociais da época.
   d) Na sociedade como possibilidade de explicar as questões que geravam conflito na relação entre Igreja e Estado.

2. Com relação à crítica da religião, assinale verdadeiro (V) ou falso (F):
   ( ) Sempre esteve presente na história da relação entre religião e sociedade.
   ( ) Teve início somente com as transformações sociais e econômicas ocorridas a partir do século XVI.
   ( ) Foi fundamentada por meio da razão humana, na qual o crítico estabelece sua posição fora da própria religião.
   ( ) Foi fundamentada na distinção necessária entre o fenômeno religioso e a teologia cristã.

3. Diante das concepções de Marx e sua crítica à religião, podemos entender que:
   a) Marx era contra a religião e todos os dogmas por ela defendidos.

b) Marx era contra a religião cristã e toda a base teológica da época.

c) Marx não era contra a religião, mas contra a alienação social que ela propunha.

d) Marx não era contra a religião, mas contra alguns credos defendidos pela elite religiosa.

4. Com relação à concepção de Durkheim, assinale verdadeiro (V) ou falso (F):

( ) A força da religião está na força que a sociedade demonstra ao conferir liberdade religiosa para todos.

( ) A força da religião está na força que a religião apresenta, a qual se evidencia na coletividade.

( ) A força da religião está na força experimentada pelo praticante religioso que está inserido em um grupo.

( ) A força da religião está na força que a sociedade evidencia por meio das ações humanas individuais e coletivas.

5. Weber, quando escreveu *A ética protestante e o espírito do capitalismo*, procurou evidenciar que:

a) o desenvolvimento do protestantismo tem relação direta com o catolicismo.

b) o desenvolvimento do protestantismo tem relação direta com o socialismo.

c) o desenvolvimento do capitalismo tem relação direta com o catolicismo.

d) o desenvolvimento do capitalismo tem relação direta com o protestantismo.

Atividades de aprendizagem

Questões para reflexão

1. Descreva, em síntese, sua compreensão sobre a crítica da religião e sua relação com a teoria sociológica.

2. Quais foram os principais aspectos críticos apontados por Ludwig Feuerbach, Friedrich Nietzsche e Sigmund Freud sobre a religião?

3. O que Marx quis dizer com a sua celebre frase: "A religião é ópio do povo"?

4. Aprofunde seus estudos e analise as concepções de Marx na teologia da libertação.

5. Descreva qual é a percepção de Durkheim sobre a religião e o que ele quer dizer sobre o totemismo como modelo para as religiões.

6. Você concorda com a análise de Weber em sua obra *A ética protestante e o espírito do capitalismo*? Você acha que tal estudo tem relação com a sociedade atual?

capítulo quatro

Teoria e análise na sociologia da religião contemporânea

Até agora, analisamos as reflexões ocorridas no seio da sociologia da religião sob uma perspectiva clássica e histórica. Analisar o que os primeiros pensadores refletiram sobre o fenômeno religioso era, afinal, de fundamental importância para compreendermos o surgimento da sociologia, bem como as considerações sociológicas a respeito da religião entre os séculos XVIII e XIX, com base nas significativas transformações sociais que ocorriam no mundo na época.

No entanto, vivemos, hoje, no século XXI. Indubitavelmente, a sociedade mudou. O mundo, como concebido e analisado pelos sociólogos clássicos, por exemplo, já se alterou profundamente. A globalização e o capitalismo, entre outros fatores, causaram um impacto significativo no modo de vida da nossa sociedade. Podemos afirmar que, quanto mais o tempo passa, mais as mudanças sociais transformam nossa maneira de viver em sociedade. Obviamente, a religião também fez parte desse processo de mudanças.

Sendo assim, neste capítulo, procuraremos entender como se desenvolveu a sociologia da religião nesses tempos mais modernos, compreendidos entre os séculos XX e XXI, em que conceitos como **desencantamento do mundo** e **secularização** passaram a influenciar substancialmente a sociedade atual. Em nossa análise, falaremos sobre os pontos de vista que Peter Berger, Pierre Bourdieu, Hervieu-Léger e Henri Desroche adotaram, com base no pensamento sociológico, para analisar a realidade contemporânea quanto ao fenômeno religioso e como se produziram novas interpretações sobre a relação já existente entre sociedade e religião.

4.1 Peter Berger: secularização e dessecularização

Uma das grandes contribuições ocorridas no estudo sociológico da religião na atualidade advém de Peter Berger. Segundo Teixeira (2003, p. 218), Berger pode ser incluído "entre os grandes clássicos da sociologia da religião" da contemporaneidade. De fato, Berger contribuiu significativamente com o tema *religião*. É importante ressaltar, contudo, que seus estudos relacionados a outros temas pelo viés sociológico também são riquíssimos – entre eles, podemos destacar a sociologia política, a globalização e o desenvolvimento. Porém, como nosso foco é analisar a concepção sociológica acerca do fenômeno religioso, teremos de nos limitar ao tema proposto nesta obra.

Saiba mais

Peter Ludwig Berger nasceu em Viena (Áustria), em 17 de março de 1929. O teólogo e sociólogo pretendia, a princípio, ser pastor luterano, mas logo os estudos sociológicos mudaram seu rumo. Estudou Sociologia na New School for Social Research, em Nova Iorque, onde realizou sua pesquisa de doutorado. Sua tese, intitulada *Da seita à igreja: uma interpretação sociológica do Movimento Bahaí*, foi defendida em 1954. Uma de suas obras mais importantes, escrita em parceria com Thomas Luckman, é *A construção social da realidade*, em que ambos discorreram a respeito da realidade como **construção social**. Além dessa, suas obras *O dossel sagrado* e *Um rumor de anjos* estabeleceram as bases de seu pensamento sociológico.

Fonte: Elaborado com base em Teixeira, 2003.

Nos textos de Berger, é possível perceber clara influência dos principais sociólogos clássicos da religião. Ainda que tais influências ocorram em determinados momentos e contextos, a presença de Marx, Durkheim e Weber comprova a diversificação de sua teoria sociológica (Teixeira, 2003).

São três os aspectos fundamentais a serem discutidos em nossa breve análise sobre Berger e seus conceitos: a **religião**, a **secularização** e a **dessecularização**.

De início, precisamos entender como Berger enxerga a religião. Como é possível perceber em sua principal obra, *O dossel sagrado* – que trata de religião –, para Berger, a religião deve ser compreendida como uma "projeção humana, baseada em infraestruturas específicas da história humana" (Berger, 1985, p. 186). Procurando vincular sua teoria da construção social[1] com a religião, Berger

---
1 Nesse aspecto, Dias (2012, p. 119) afirma que, para Berger, "a questão se relaciona com os processos do homem e a religião ocupa um lugar destacado nesse empreendimento".

entende que a religião "é um dos símbolos fundamentais dos seres humanos" (Teixeira, 2003, p. 230-231).

Para Berger (1985), o conceito sobre a **construção social** é fundamental, afinal, essa construção ocorre entre o indivíduo e a sociedade numa relação dialética entre ambos. Esse processo ocorre por meio de três aspectos:

1. **Exteriorização:** Momento em que o indivíduo se expressa no mundo em que vive. Berger afirma que tal momento é, portanto, a "contínua efusão do ser humano sobre o mundo, quer na atividade física, quer na atividade mental" (Berger, 1985, p. 16).
2. **Objetivação:** Momento em que o indivíduo constata, por meio da objetivação, o mundo que ele mesmo produziu. Dias (2012, p. 120) afirma que é a "conquista por parte dos produtos dessa atividade [exteriorização] de uma realidade que se defronta com seus produtores originais como facticidade exterior e distinta deles". Portanto, o sujeito cria algo (uma lei, por exemplo) que, depois, se volta contra ele, por vezes confrontando-o, como se estivesse "fora" dele.
3. **Interiorização (ou internalização):** Momento em que o indivíduo apreende e assume os diferentes elementos do mundo por ele objetivado (Berger; Luckman, 1973); ou seja, é a reapropriação da mesma realidade por parte dos seres humanos.

Assim, o ser humano se relaciona com o mundo por meio da **cultura**, que, para Berger (1985, p. 7), é a "totalidade dos produtos do homem", constituindo, assim, seu **mundo social**. Dias (2012, p. 120--121, grifo do original) destaca que, "Quando esse processo se completa, a realidade do mundo social aparece como coextensiva à realidade do próprio universo como uma cosmificação. É nesse ponto que a religião entra como um empreendimento humano pelo qual se estabelece um *cosmo sagrado*".

Essa cosmificação da realidade proporciona, por meio da religião, a forma pela qual o ser humano pode dar **significado** à sociedade precária em que vive. A religião, nesse sentido, tem funções específicas. A primeira é a **legitimidade**, isto é, a religião é um meio significativo de legitimação, controle e manutenção da ordem social. No entanto, para que essa legitimação ocorra, faz-se necessário o que Berger chama de *plausibilidade*, que é "aquilo que as pessoas realmente acham digno de fé, das ideias sobre a realidade [, e] depende do suporte social que estas ideias recebem" (Berger, 1997, p. 65), ou seja, é a própria sociedade legitimando a construção da realidade social.

Sendo assim, a plausibilidade é a **construção social** daquilo que a sociedade é e quer e, por isso, valida como verdade. Por essa razão, num mundo pluralmente religioso, a plausibilidade é questionada, dando vez à *anomia* (ou seja, à **ausência de leis** ou regras).

Uma outra função da religião destacada por Berger é a **integração das experiências marginais** ou **limites**. Isso significa que a religião exerceria um papel importante na integração das experiências anômicas, ajudando o indivíduo a se proteger e a enfrentar situações-limite da vida (morte, sofrimento etc.).

Por fim, a outra função é a da **alienação/desalienação**. Para Berger, a partir de uma leitura de Marx, mesmo que a religião tenha exercido, algumas vezes, o domínio (**alienação**) como justificativa de se manter a ordem (e, por vezes, cumprindo esse papel), ela pode, em contrapartida, servir como uma ação "relativizadora, desmascaradora e desencantadora das pretensões do poder humano" (Teixeira, 2003, p. 233). Para Berger, tais questões proporcionam a **perda da credibilidade**, isto é, as religiões "perderam plausibilidade em amplos setores da sociedade" (Dias, 2012, p. 122), provocando a secularização.

Em síntese, após definir a compreensão religiosa de Berger (e suas funções), vamos buscar entender qual era a intenção do sociólogo ao teorizar sobre os processos de secularização e, posteriormente, de dessecularização – ambos assuntos de significativa importância na perspectiva bergeriana.

Para ele, *secularização* é "o processo pelo qual setores da sociedade e da cultura são subtraídos à dominação das instituições e símbolos religiosos" (Berger, 1985, p. 119). A religião perde, então, o espaço e o monopólio outrora existentes de forma comum na sociedade, passando a ter validade somente na vida privativa do indivíduo e, concomitantemente, sofrendo com a realidade do pluralismo religioso (Teixeira, 2003). Nesse sentido,

> Peter Berger, na sua sociologia da religião, retomou o conceito de secularização de Max Weber como uma das características do processo de racionalização que ocorreu na modernidade. Nessa perspectiva da secularização encontra-se a premissa não de que a religião iria desaparecer, mas sim de que perderia importância na esfera pública, tornando-se cada vez mais uma realidade particular. (Dias, 2012, p. 117)

Não se trata do desaparecimento da religião. O ser humano, nessa perspectiva, ainda buscaria significado para sua construção social. Mas essa busca não se daria essencial e necessariamente na religião. As explicações religiosas, antes majoritariamente aceitas, perderiam a credibilidade que obtiveram. O fenômeno do **pluralismo** contribuiu nesse sentido ao oferecer diversas leituras de mundo possíveis, provocando uma variedade de "opções que se colocam para o sujeito moderno, tornando-se extremamente difícil a garantia das certezas subjetivas" (Teixeira, 2003, p. 235). Tal fenômeno se deu tanto no aspecto religioso quanto em outros setores da sociedade. Assim, a religião perdeu seu domínio e sua credibilidade em relação a outros segmentos, definidos por Berger (1985) como rivais não religiosos. Assim, a sobrevivência da religião na contemporaneidade se daria da seguinte forma:

- A adesão religiosa, se ocorrer, seria **voluntária** (Teixeira, 2003).
- A crise da credibilidade afetaria a religião e o fenômeno do pluralismo serviria como uma **lógica de concorrência** (de mercado?) entre as religiões (Dias, 2012). A religião teria de "captar seus clientes" e, assim, precisaria ser "vendida".
- A consciência moderna se basearia no **relativismo**, fazendo com que o sujeito rejeitasse certezas subjetivas (Berger, 1979).
- O **ecumenismo** (entre cristãos) e o **macroecumenismo** (entre diversas religiões) aconteceriam de forma natural, como um contorno de sobrevivência das religiões de forma harmoniosa na sociedade. Tais ações seriam, nesse sentido, uma forma de se estabelecer alguns princípios regulamentadores no "mercado competitivo religioso" (Dias, 2012; Teixeira, 2003),
- Haveria um **reforço de identidade** confessional/doutrinal, por parte de alguns segmentos religiosos, como instrumento de **diferenciação** (Teixeira, 2003) e de fortalecimento da participação dos leigos como forma de **fidelizar** o cidadão (Dias, 2012).

De fato, não temos como deixar de constatar que tais pressuposições estão, em maior ou menor grau, presentes nas atividades religiosas na atualidade nas mais diversas expressões religiosas, tanto no Brasil como fora dele. Entretanto, Berger recebeu algumas críticas por conta de sua tese de secularização. De acordo com Dias (2012, p. 117-118), "A ideia de secularização recebeu um profundo questionamento com o ressurgimento religioso dos últimos anos, o que levou Berger a trabalhar com o conceito de dessecularização".

Ele assumiu, então, que "a ideia tradicional de que a modernização leva necessariamente ao declínio da religião" (Teixeira,

2003, p. 236) **não** é tão real quanto já se afirmou. Apesar de constatar alguns fatores secularizantes (como a realidade de parte da Europa), para ele, a religião se **fortaleceu**, proporcionando "grandes explosões de fervor religioso. [...] O mundo de hoje [...] é tão ferozmente religioso quanto antes, e até mais em certos lugares" (Berger, 2000, p. 10). O crescimento do Islamismo, o reencantamento dos católicos com o Papa Francisco e o aumento da presença evangélica, principalmente de viés pentecostal, comprovam tal ressurgimento.

Na verdade, o que Berger e tantos outros sociólogos clássicos não conseguiram antever é que a religião, numa lógica de mercado, conseguiria **crescer** e conquistar ainda mais espaço para sua sobrevivência. De certa forma, aconteceu o oposto daquilo que se esperava: houve um **reencantamento**, um reavivamento religioso. No próximo capítulo, traçaremos mais algumas questões nesse sentido que, sem dúvida, constituem um desafio ao estudo da sociologia da religião atual.

4.2 Pierre Bourdieu: trabalho e campo religiosos

Os estudos de Bourdieu contemplam uma ampla diversidade de assuntos e temas sociais. Em síntese, podemos dizer que o mundo e a realidade social, para ele, precisam ser entendidos sob a ótica de três conceitos básicos: **campo**, *habitus* e **capital**. Uma de suas ênfases, nesse sentido, dá-se pela crítica contundente às desigualdades sociais por meio de mecanismos de reprodução. Oliveira (2003) e Dias (2012) o apontam como um dos melhores teóricos da sociologia da religião, apesar de este não ter sido seu objeto central de estudo.

Saiba mais
Pierre Félix Bourdieu nasceu em Denguin (França), em 1º de agosto de 1930, e faleceu em 23 de janeiro de 2002, em Paris. Ele é reconhecido como um dos grandes sociólogos da atualidade, um clássico contemporâneo (Dias, 2012).

A análise do fenômeno religioso em Bourdieu contempla, com as devidas atualizações, as contribuições de Marx, Weber e Durkheim (Bourdieu, 2007). Oliveira (2003, p. 178) afirma que o texto de Bourdieu "recupera o passado e aponta para o futuro". Além disso, cabe ressaltar que ler Bourdieu é um grande desafio. Seus textos são complexos, exigindo muita atenção e cautela para que seja possível compreender e apreender a totalidade de suas reflexões. Nosso primeiro passo será, portanto, compreender o que ele entende por *religião* e quais são, por conseguinte, suas funções sociais.

Bourdieu se baseia nas perspectivas de Durkheim ao inferir, tal como ele, que a religião é um **conjunto de práticas e representações** imergidas no aspecto do **sagrado**. Nesse sentido, ele acrescenta o vínculo entre religião e linguagem. Para ele, a "religião concebida como linguagem aplica-se também às teorias e, sobretudo, às teorias da religião como instrumentos de construção dos fatos científicos" (Bourdieu, 2007, p. 27). Sob essa perspectiva, a religião como linguagem é caracterizada por um "sistema simbólico de comunicação e de pensamento" e, assim, "para a religião, tudo o que existe ou venha a existir tem *sentido* porque se integra numa ordem cósmica" (Oliveira, 2003, p. 178, grifo do original). A religião, nesse sentido, dá sentido às coisas, à vida, aos fatos, integrando cada evento à ordem cósmica, como se tudo fossem **consequências ordenadas** de um **universo superior**.

Com relação à visão de Bordieu da religião, Oliveira (2003) acrescenta, ainda, o aspecto do **sistema simbólico**. Nesse sentido, ele afirma:

A religião é estrutura na medida em que seus elementos internos relacionam-se entre si, formando uma totalidade coerente, capaz de construir a experiência. As categorias de sagrado e profano, material e espiritual, terno e temporal, o que é do céu e o que é da terra, funcionam como alicerces sobre os quais se constrói a experiência vivida.
(Oliveira, 2003, p. 179)

A vida humana, com todos os seus significados, é, para o ser religioso, pautada em experiências místicas e, portanto, sagradas. Nesse sentido, tudo o que está em torno de suas vidas se firma em tais alicerces. É por isso que a religião consegue atribuir um caráter espiritual, sacralizante etc. a tudo o que há na sociedade e na vida. Bourdieu definiu tal poder com a alcunha de *consagração*. Por exemplo: a família, uma construção humana, é percebida na vida religiosa como sagrada.

Podemos afirmar, então, que, para Bourdieu, a religião é uma **força estruturante** na sociedade, dando **significado** e definindo **conceitos**. Esse processo de dar caráter sagrado àquilo que é humano é definido por Bourdieu como *alquimia ideológica*, isto é, "a transfiguração das relações sociais em relações sobrenaturais, inscrita na natureza das coisas e, portanto, justificada" (Bourdieu, 2007, p. 33). Nesse sentido, com tal postura, a religião exerceria uma função simbólica e, concomitantemente, cumpriria uma ação sociopolítica com caráter transcendente.

É justamente nesse aspecto que é possível constatar qual seria a **função social** da religião. O caráter simbólico produz efeito quando consegue influenciar o comportamento humano na sociedade em que se insere. O ser religioso, assim, reproduziria o esquema social intencionado pela religião. Dessa forma, as ações dos indivíduos religiosos passariam a existir como se fossem algo totalmente natural, um **hábito**. É nessa perspectiva que Oliveira (2003) acrescenta que, para Bourdieu, a religião se aproxima da definição de Marx, segundo a qual ela serve o **ideal social dominante**. Apesar de se revestir de termos místicos, a relação é bem terrena, subserviente aos interesses de certos grupos ou classes sociais. Assim, a religião desempenharia a "função política de eternizar uma dada ordem hierárquica entre grupos, gêneros, classes ou etnias" (Oliveira, 2003, p. 191).

Após tais compreensões sobre a religião sob a perspectiva de Bourdieu, vamos refletir sobre o que mais se destaca em suas análises sobre o fenômeno religioso. Trata-se de seus conceitos sobre **trabalho religioso**, **campo religioso** e a relação entre os **agentes religiosos** e os **leigos** (consumidores religiosos) – que talvez sejam a sua maior contribuição para a sociologia da religião. Oliveira (2003, p. 192, grifo nosso) resume muito bem tal pressuposto ao afirmar:

> *Essa noção permite superar o dilema entre uma concepção idealista – que vê a religião como fruto da ação de pessoas cuja criatividade e liberdade lhes permitiram intuir o transcendente – e a concepção materialista – que reduz a religião a um reflexo, mais ou menos mistificado, das estruturas sociais ou dos interesses econômicos de um grupo. Mais que isso, **Bourdieu abre caminho para a solução de um antigo problema sociológico: definir as condições de possibilidade de autonomia da religião**.*

De fato, Bourdieu consegue trazer **equilíbrio** a uma relação conflituosa entre o que é **ciência** e o que é **prática religiosa**. Por meio de seus conceitos, é possível delimitar os campos de estudo e, assim, perceber com cautela cada fato social impregnado pela religião, sem entrar no mérito da crença ou da fé, e, ao mesmo tempo, sem preconceitos em relação à prática da religiosidade. Antes de descrevermos uma análise sobre esses fatos, vamos resumi-los.

- **Trabalho religioso**: Ocorre quando "seres humanos produzem e objetivam práticas ou discursos revestidos de sagrado, e assim atendem a uma necessidade de expressão de um grupo" (Oliveira, 2003, p. 192).

- **Campo religioso**: Trata-se de um "pequeno mundo", um microcosmo, uma parte que está inserida no macrocosmo social, no todo, no conjunto de campos que formam a totalidade social. Os campos são distintos entre si (campo religioso, campo político etc.), cada um com suas regras e práticas. O campo religioso, nesse sentido, "tem a função específica de satisfazer o interesse religioso dos leigos, que esperam dos agentes religiosos a realização de ações mágicas ou religiosas" (Dias, 2012, p. 127).

- **Agentes religiosos e leigos**: Há, para Bourdieu, uma divisão social do trabalho religioso. Os agentes religiosos são os especialistas, "reconhecidos como únicos habilitados a produzir, reproduzir, gerir e distribuir os bens religiosos", enquanto os leigos são os consumidores, aqueles que "devem prover a sustentação de quem produz os bens religiosos para seu sustento espiritual" (Oliveira, 2003, p. 194).

Para Bourdieu, a origem do campo religioso se deu no processo de **surgimento e desenvolvimento das cidades** na Idade Média, seguido pelo **enfraquecimento da perspectiva racionalista** do ser humano em relação à vida e pelo **progresso da divisão do trabalho social** (entre trabalho material e intelectual). Por meio dessas transformações, surgiu, então, a necessidade de se constituir um "corpo organizado de produção, reprodução e difusão os bens religiosos" (Dias, 2012, p. 126-127). Com tal organização, estabeleceu-se o que Bourdieu definiu como o "processo de sistematização e moralização das práticas e das representações religiosas" (Bourdieu, 2007, p. 37).

Oliveira (2003) e Dias (2012) destacam a ênfase de Bourdieu de que, nesse sistema estruturado, haveria luta e tensão entre a busca pelo poder em cada campo específico. Haveria, por parte dos agentes religiosos, a tentativa de **monopólio** e "controle completo sobre a produção de bens religiosos" (Oliveira, 2003, p. 195). Assim, haveria uma luta na **defesa de sua posição e hierarquia**, extinguindo qualquer possibilidade de concorrência e/ou legitimação de qualquer nova expressão religiosa que fosse contraditória à posição dominante. Os mesmos teóricos que citamos há pouco apontam que, dessa forma, existem dois aspectos identificados por Bourdieu nessa relação "econômica" dos bens religiosos: o **combate** a qualquer tipo de **autoconsumo religioso** por parte dos leigos; e o **domínio monopolizador** de qualquer serviço religioso por parte dos agentes religiosos especialistas.

A composição do campo religioso de Bourdieu (baseada no mesmo conceito utilizado por Weber) indica a existência de uma **divisão social do trabalho religioso**, caracterizada nomeadamente por três posições adquiridas pelos agentes religiosos:

- **Sacerdotes**: São os "agentes da religião estabelecida" (Oliveira, 2003, p. 187), isto é, os detentores de uma **autoridade legitimada** atribuída pela Igreja e pela qual exercem seus ritos. Os sacerdotes exerceriam suas funções sempre na expectativa de perpetuar sua religião e refutar toda e qualquer manifestação que se configure como uma "concorrência religiosa".

- **Profetas**: Atuam de forma **marginal** à religião instituída, promovendo quase uma **oposição** a ela, apresentando, por meio de seu "discurso ou sua prática[,] uma nova concepção religiosa" (Oliveira, 2003, p. 187), oposta ao grupo dominante. Sua legitimação é marcada pela **força carismática social** atribuída pelo **povo** e que, entretanto, é percebida como herética pelos sacerdotes. O profeta, por sua vez, estabelece a seita. Com o passar do tempo, como fruto do êxito e do crescimento, a seita se tornaria, também, uma Igreja (religião dominante), o que faria surgir novos profetas que a contradigam etc., estabelecendo um processo infindável nessa relação.
- **Magos**: São os feiticeiros, **agentes religiosos autônomos**, independentes. Eles utilizam os mesmos elementos e "bens simbólicos produzidos pelos profetas e sacerdotes para atender interesses imediatos e utilitários de sua clientela" (Oliveira, 2003, p. 188). Não pertencem nem à igreja nem a seitas e, por isso, são combatidos tanto pelos sacerdotes quanto pelos profetas, que questionam suas práticas mágicas realizadas como se fossem uma prestação de serviços.

Enfim, tais caracterizações configuram a lógica percebida por Bourdieu em seu conceito do campo religioso: os "agentes especializados competindo entre si para conquistar o monopólio do atendimento às demandas das diferentes classes de leigos" (Oliveira, 2003, p. 190). Os magos atuariam mais em meio ao povo que adere à religiosidade popular, mas em espaços rurais. De forma oposta, sacerdotes e profetas teriam maior influência entre os que preferem mais racionalidade às suas vidas e, portanto, estariam nas cidades. É por isso que, para Bourdieu (2007), a realidade socioeconômica interfere diretamente na maneira como o leigo se relaciona com a religião. Trata-se, para ele, portanto, de uma relação de **produtor e consumidor** no campo religioso, uma **relação de poder**. O campo religioso, assim, "Se encontra em uma situação de economia de trocas simbólicas e de conflitos de interesse dentro do próprio campo. Os agentes religiosos lutam entre si para manter os fiéis em processos diversos de acumulação de capital religioso" (Dias, 2012, p. 139).

Por último, cabe salientar que surgiram críticas a alguns conceitos tratados por Bourdieu. Oliveira (2003) destaca, nesse sentido, que a análise do campo religioso sob a ótica econômica ou de mercado na relação entre agentes religiosos e leigos é **limitada** e que as hipóteses levantadas por Bourdieu não são aprofundadas adequadamente, merecendo uma melhor conceituação.

Acrescentemos, ainda, o fato de que, apesar de o termo *campo religioso* ser predominante na obra de Bourdieu, Oliveira (2003) destaca que a expressão *trabalho religioso* seria mais adequada, pois, para ele, tem mais sentido pela forma como Bourdieu analisa o fenômeno religioso – por meio de práticas e discursos. Além disso, ele destaca que a análise religiosa de Bourdieu está mais voltada para um segmento específico: o **cristianismo europeu decadente**. Para Oliveira (2003), Bourdieu falhou ao não traçar um paralelo com outras esferas do cristianismo (como na América Latina) e outros tipos de religião (afro-brasileira, asiática etc.).

Ainda assim, em concordância com vários autores (Dias, 2012; Oliveira, 2003; Montero, 2006), entendemos que o conceito de **autonomia** do campo religioso é de significativa importância para uma análise científica e sociológica da religião, pois apresenta uma postura de possível neutralidade e eficiência investigativa.

4.3 Hervieu-Léger: memória, transmissão, emoção e articulação

Danièle Hervieu-Léger é considerada um dos referenciais teóricos mais importantes que estudam a sociologia da religião na perspectiva das transformações provocadas na modernidade. Para Hervieu-Léger, "Uma religião é um dispositivo ideológico, prático e simbólico pelo qual é constituída, estabelecida, desenvolvida e controlada a consciência (individual e coletiva) de pertença a uma linha crença particular. [...] Toda religião implica uma mobilização específica da memória coletiva" (Camurça, 2003, p. 251).

Saiba mais
Danièle Hervieu-Léger nasceu em 3 de fevereiro de 1947, em Paris, na França. Atualmente, preside a École de Hautes Études en Sciences Sociales, em Paris, e é responsável pela revista *Archives de Sciences Sociales des Religions* (Caldeira, 2010).

Segundo a socióloga, a religião tem tudo a ver com **memória**, **transmissão**, **emoção** e **articulação**. Para ela, é por meio da memória (de um fato religioso originador) que a religião se perpetua e influencia os indivíduos, sendo, dessa forma, transmitida e legitimada. Essa ligação se daria por meio da *linha crente* (o meio pelo qual o grupo religioso acreditaria no acontecimento fundador original). Seria o passado e a "memória religiosa" em ação, avaliando a continuidade da religião por meio da significação no presente com um olhar no futuro. É bom ressaltar que, mesmo que *continuidade* seja o termo mais correto para entender essa dinâmica, isso não quer dizer que as religiões (principalmente as tradicionais) sejam imutáveis. Pelo contrário, segundo Hervieu-Léger, elas **mudam**, mas optam por esconder ou, como ela mesma diz, **mascarar** tais transformações.

A questão da memória, com base em um fato religioso originador, é tão fundamental que ela afirma que a memória religiosa coletiva tem caráter **normativo**. Isso significa que, ainda que ocorram reações contrárias à religião estabelecida (detentora da memória autorizada) – seja por meio de disputas entre as religiões, seja pelos movimentos reformistas internos ou das ações proféticas (seitas) –, a motivação reacionária se dá por meio de uma "reivindicação de um retorno às origens" (Camurça, 2003, p. 253). Nesse sentido, qualquer crise das religiões atuais – quaisquer que sejam seus motivos – estaria, no fundo, ligada à questão da memória e da transmissão. Camurça (2003, p. 253) faz uma releitura dessa teoria de Hervieu-Léger, destacando que, na verdade, se trataria de uma crise de "transmissão do passado como referência para explicar o futuro". Para ele, o desafio das instituições religiosas está, então, em **rearticular a linha de crença**, resgatando a base fundamental que levou o indivíduo a crer, visto que a desqualificação cultural da modernidade reduziu a credibilidade nas instituições religiosas.

Em relação aos novos movimentos religiosos, Hervieu-Léger (1997, p. 33) assinala que tais expressões se configuram como **religião pós-tradicional**, com "tendência ao emocionalismo comunitário que se expande cava vez mais", pois são expressões comunitárias caracterizadas pelo **vínculo fraternal**, isto é, "integram-se por meio de relações emocionais" (Camurça, 2003, p. 258). Tais expressões, de certa forma, alteram a realidade religiosa atual. Assim, "assistimos a um deslocamento de verdades autorizadas [religião oficial] a verdades que passam pela autenticidade do sujeito religioso" (Camurça, 2003, p. 259). Um exemplo citado por Hervieu-Léger (1997) é a realidade dos novos movimentos carismáticos dentro da Igreja Católica e/ou dos movimentos pentecostais nas Igrejas Protestantes.

Assim como outros sociólogos contemporâneos, Hervieu-Léger (1997, 2008) analisa a questão da secularização, reconhecendo que as previsões do passado em relação ao esfriamento do sentimento religioso estavam **equivocadas** e, atualmente, estão ultrapassadas. Na mesma perspectiva de Berger, que fala sobre a dessecularização, Hervieu-Léger fala sobre uma **volta ao sagrado**. Tal análise é perceptível em sua obra *O peregrino e o convertido: a religião em movimento*, em que Hervieu-Léger (2008, p. 30) procura responder ao seguinte questionamento: "Como compreender ao mesmo tempo o processo histórico da secularização das sociedades modernas e o desdobramento de uma religiosidade individual, móvel e moldável que dá lugar a formas inéditas de sociabilidade religiosa?"

Em seu estudo, ela perpassa por análises de diversas categorias, entre as quais: cristianismo contemporâneo, ecologia, feminismo, identidade, juventude, novos movimentos religiosos e surtos emocionais (Hervieu-Léger, 1997). Para ela, alguns desses temas destoam de forma significativa dos interesses perpetuados pela religião institucional e, por isso, essa nova religiosidade conquista mais espaços na sociedade hodierna. Assim, "a ideia de secularização na modernidade ocidental implica menos em perda de influência da religião e mais em um radical processo de mudança operado em seu seio" (Camurça, 2003, p. 263).

Nesse contexto, Hervieu-Léger aponta uma questão de equilíbrio, de **articulação**. Ela busca uma "perspectiva *articulada*, que procura apreender no interior da própria tensão entre tendências 'dessecularizantes' e 'secularizantes'" (Camurça, 2003, p. 262, grifo do original). Ou seja, não se trata de uma rejeição completa à religiosidade, mas de um afastamento em relação à religião institucional. Em contrapartida, percebe-se o desenvolvimento de uma religiosidade menos formal, mais comunitária, mais emotiva, uma nova realidade que Hervieu-Léger identifica como uma *desregulação institucional*.

Nesse sentido, Camurça (2003, p. 264-265) acredita que

> O mérito e a contribuição da reflexão de Danièle Hervieu-Léger para uma sociologia da religião na atualidade seja a perspectiva da articulação de processos aparentemente antinômicos e contraditórios nas novas religiosidades (individuais e comunitárias) e nas mutações que ocorrem no seio das religiões históricas, que se expressam na tensão: fim da religião ou fim da secularização?

Dessa forma, é possível perceber, então, que Hervieu-Léger contribui significativamente com a sociologia da religião por meio de suas análises do fenômeno religioso atual, suscitando questões norteadoras importantes. Sem dúvida, o conceito de articulação, cunhado por ela, é a base de todos os estudos sociológicos da religião na contemporaneidade – afinal, são fatos (secularização e dessecularização) que permeiam a realidade atual no mundo em que vivemos, religioso ou não.

4.4 Henri Desroche: religião e esperança

Dias (2012) destaca que a análise de Desroche do fenômeno religioso é um pouco diferente em relação aos estudos de outros teóricos já estudados até aqui, pois enquanto alguns sociólogos procuravam compreender a religiosidade como legitimadora da realidade social, Desroche, em contrapartida, procura estudar a religiosidade sob suas **perspectivas utópicas e messiânicas**.

Saiba mais

O francês **Henri Desroche** (1914-1994) é reconhecido como um sociólogo contemporâneo da religião. Apesar de ter sido um frade dominicano, Desroche desenvolveu seus estudos para além do tema religioso, teorizando sobre diversas outras áreas, como o cooperativismo em seus distintos aspectos (social, econômico, educacional etc.) e a educação com enfoque na formação de adultos e na educação permanente, baseada em métodos de biografia e de pesquisa-ação (Thiollent, 2012).

Dias (2012, p. 118, grifo nosso) resume com propriedade a síntese do pensamento de Desroche ao afirmar:

> *A sugestão presente na sociologia da religião marxista de que a religião pode assumir características revolucionárias em determinadas situações foi sistematizada pelo sociólogo Henri Desroche.* **Utilizando o conceito de "esperança"**, *ele analisou a imaginação coletiva em suas imaginações utópicas, milenaristas ou utópico-milenaristas. A religiosidade que ele estuda é diferente da de Durkheim. Para este, a religiosidade funda a ordem; para aquele, ela é contestatória dos cultos de possessão, das utopias sociorreligiosas, milenarismos com ou sem messianismo, "pentecostalismo" contestatórios, teatralizações sociais do tipo político e/ou estético.*

Como é possível perceber no destaque dessa citação, o fundamento para se compreender Desroche é o seu conceito de **esperança**. Tal assunto é, inclusive, tema de uma de suas obras, *Sociologia da esperança*, na qual Desroche procura fazer uma **distinção** entre a religião que é percebida como esperança e as que não são – caracterizadas como religiões com *esperança obstruída* ou *esperança evaporada* (Desroche, 1985b). A **esperança obstruída** é entendida como a religião que legitima a realidade e está fechada em si mesma. Da mesma forma, a **esperança evaporada** é entendida como a religião que se baseia em assuntos futurísticos, do além, sem se preocupar com o presente, não se engajando na luta por uma transformação da realidade atual (Desroche, 1985b). Nessa perspectiva, Desroche analisa a religião por meio da "imaginação coletiva em suas expressões utópicas, milenaristas ou utópico-milenaristas" (Desroche, 1985b, p. 11). A imaginação é fruto e, ao mesmo tempo, anseio com base na esperança; uma esperança que potencializou a construção de uma **nova realidade social**. Trata-se, portanto, de acordo com a própria definição de Desroche, de uma **utopia**, isto é, algo que se espera concretizar sob o prisma de uma sociedade ideal por meio de **milenarismos**. Na perspectiva sociológica, o *milenarismo* é compreendido como um movimento de caráter social extremamente vinculado ao aspecto religioso, que espera por um tipo de salvação absoluta, social, coletiva e iminente por meio de uma ação sobrenatural.

Dessa forma, as imaginações, imbricadas na esperança, são categorizadas por Desroche da seguinte forma: sonhos sociais em vigília, ideação coletiva, espera efervescente e utopia generalizada (Dias, 2012). Vamos entendê-los.

Os **sonhos sociais** são imaginações que devem ser cultivadas, pois exercem uma importante **função social**, já que são, como dizia Roger Bastide, um **elemento constitutivo da sociedade**. Trata-se, por exemplo, do desejo de transformação social diante de possíveis injustiças. É o sonho de um povo em viver em uma sociedade justa. Já a **ideação coletiva** é compreendida da mesma forma que Durkheim, o qual afirmava que a sociedade é a base dos ideais

Sociologia da religião: introdução, história, perspectivas e desafios contemporâneos

humanos. Em outras palavras, existe uma **consciência coletiva** que está acima da consciência individual. Essa consciência coletiva exerce força, mobilização, atração etc., e pode tanto mobilizar as pessoas quanto conferir força criativa para o estabelecimento de um novo mundo, de uma nova sociedade – ou, nesse caso, uma nova religião. De forma objetiva, trata-se da mobilização que é instigada por meio de um grupo social. Não se limita ao desejo/sonho de um indivíduo. É a soma desses desejos que levam à ação. Um exemplo é a mobilização provocada pelo movimento de Canudos, comandada por um líder social, religioso e carismático, Antonio Conselheiro. Tal situação se firmou como uma espécie de messianismo em uma pequena vila localizada no sertão baiano. Sua liderança messiânica seduziu muitas pessoas, a maioria formada por sertanejos do nordeste brasileiro, que contemplavam camponeses, índios e escravos que haviam sido libertos há pouco tempo.

Na **esperança efervescente**, as situações de desespero são **aplacadas** ante a esperança, ou seja, a esperança **supera** a situação. Essa espera, contudo, não é passiva; é uma **vontade** que, por sua vez, gera capacidades. Trata-se do fato de que, mesmo que a situação social seja desanimadora e desafiadora, diante do sonho utópico e por meio da ideação coletiva, a esperança se torna maior do que o caos. O mesmo caso relatado anteriormente, de Antonio Conselheiro na Guerra de Canudos, serve-nos de exemplo. A situação era de caos social e econômico entre as populações oprimidas. O exército da recente república brasileira tinha poder e legitimidade para destruir aquela sociedade do interior nordestino. Os sertanejos, mesmo cientes de tudo isso, lutaram em busca de melhores condições de vida. A história relata a destruição ocorrida por meio da vitória do governo instituído.

Por fim, o conceito de **utopia generalizada** de Desroche se baseia em Gramsci. A religião, nesse sentido, torna-se a **utopia com**

proeminência. Uma utopia que, no imaginário, tem a função de criar um mundo novo, ou seja, traz a esperança de novos momentos, de uma nova realidade. Ainda sob a perspectiva da Guerra de Canudos, a utopia com proeminência se tornou a base para tal revolta popular. Mais do que uma mobilização social, a religiosidade envolvida na situação provocava naquelas pessoas a esperança de uma sociedade igualitária, justa, pacífica e, por isso, Antonio Conselheiro, por meio de uma ação messiânica, tornou-se o profeta, o peregrino que libertaria o povo.

Numa perspectiva da religiosidade atual, todos esses tipos de imaginações estão divididos em três áreas: **cultos de possessão**, **messianismo milenarista** e **utopismo escrito e praticado**.

Os **cultos de possessão** se configuram como o momento em que os indivíduos esperam pela **superação de suas mazelas** na busca pela perfeição, por uma situação social diferente, esperançosa. São momentos marcados pela efervescência, pela frustração e pela esperança, com práticas fundamentadas em ritos, mitos e símbolos que conferem novos significados, que passam a fazer parte do discurso e do cotidiano dessas pessoas. Um exemplo bem prático é o que acontece atualmente nos cultos pentecostais e neopentecostais e nos centros espíritas, por meio de cultos mediúnicos tanto do kardecismo quanto das religiões afro-brasileiras.

Quanto ao **milenarismo** no fenômeno religioso, Desroche (1985b) o explica utilizando a seguinte tipologia:

- Há um **personagem** que traz uma **consciência messiânica** – seja presente naquele momento histórico, como uma autodeificação, seja ausente daquele momento.
- Há um **reino messiânico**, um tempo/espaço/local que representa um **reino divino** na Terra e que contempla, concomitantemente, aspectos sociais e religiosos. Normalmente, o

personagem messiânico é o porta-voz que aponta para esse reino.

- Há **suputações** – ou seja, um vínculo –, que são compreendidas como as **estratégias** que relacionam o personagem ao reino.

Como é possível perceber, a imaginação coletiva é fundamental na relação com a esperança de Desroche. Por isso, para ele, diante da realidade historicamente opressora, a imaginação religiosa coletiva constitui, de forma esperançosa, uma **sociedade ideal**, um reino de Deus na Terra, um lugar novo (Desroche, 1985a).

Já que a utopia é um sonho, um desejo de uma sociedade ideal, o **utopismo escrito** se dá por meio de uma regulamentação, um padrão, um código que apresente aquele ideal. Poderia ser, por exemplo, um escrito sagrado. Já o **utopismo praticado** é o que realmente acontece quando se procura alcançar o sonho utópico, visto que nem sempre aquilo que está escrito ocorre quando um fato é exercido na prática.

A diferença entre o milenarismo e a utopia se dá na **função** que os deuses/as divindades exercem. Enquanto "na utopia o papel das divindades é secundário, [...] nos milenarismos é mais central" (Dias, 2012, p. 134). A utopia sugere que a busca depende da **ação humana**; ao passo que, no milenarismo, a ação ativa é **divina** e a do ser humano, mais passiva e receptiva.

Por fim, cabe terminarmos essa análise abreviada sobre a sociologia da religião de Desroche com a síntese realizada com muita propriedade por Dias (2012, p. 139), a qual afirma que "Desroche analisa a religião partindo de suas características revolucionárias, quando o sagrado é selvagem. Para ele, a religião na sua forma efervescente é constituinte de novas realidades. Os messianismos e milenarismos formam, assim, o objeto privilegiado de seus estudos".

De fato, Desroche apresenta uma análise social da religião como um **ato de esperança**. Algo pelo qual, obviamente, todo ser humano anseia. Ele aponta, portanto, um caminho em que o sentimento religioso esperançoso é uma **carência**, uma necessidade que faz a sociedade sonhar, desejar e lutar por um mundo melhor e que está, por sua vez, intrínseca a todo ser humano em sua forma efervescente.

Síntese

Neste quarto capítulo, analisamos a sociologia da religião na contemporaneidade sob a perspectiva de como os conceitos utilizados por Berger, Bourdieu, Hervieu-Léger e Desroche compreendem o fenômeno religioso na atualidade. Vimos que Berger desenvolveu seus estudos sociológicos da religião com base em dois conceitos fundamentais: secularização e dessecularização. Constatamos também que, para Bourdieu, a religião é uma força estruturante na sociedade, dando significado e definindo conceitos. Além disso, discorre o sociólogo sobre trabalho religioso, campo religioso e a relação entre agentes religiosos e leigos.

Para Danièle Hervieu-Léger, a religião está vinculada à memória e, por isso, ela é transmitida para outras gerações. Ela também apresenta a emergência de novos movimentos religiosos que, por meio da emoção, estão conquistando novos espaços na sociedade. Apresentamos, por fim, as teorizações de Desroche, para o qual a religião pode ser revolucionária e, dessa forma, apresentar e construir novas realidades sociais. Os messianismos e milenarismos são elementos centrais para essa possibilidade de uma nova realidade social.

Atividades de autoavaliação

1. Quando analisamos a sociedade atual, constatamos a presença de dois fatores que instigaram mudanças significativas na relação religião e sociedade. São eles:
   a) Globalização e socialismo.
   b) Globalização e capitalismo.
   c) Socialismo e capitalismo.
   d) Globalização e comunismo.

2. Com relação aos conceitos de Peter Berger sobre secularização, assinale verdadeiro (V) ou falso (F):
   ( ) Secularização é o processo pelo qual os setores da sociedade e da cultura são subtraídos à dominação das instituições e dos símbolos religiosos.
   ( ) Secularização é o processo pelo qual os setores religiosos procuram estabelecer meios de influência, utilizando instituições e símbolos religiosos.
   ( ) A secularização representa o processo no qual a religião perde o espaço e o monopólio outrora existentes de forma comum na sociedade.
   ( ) A secularização representa o fim de todas as formas de práticas religiosas, estabelecendo uma nova religião social e civil.

3. Os temas sociorreligiosos de maior relevância apresentados por Pierre Bordieu são:
   a) trabalho social e campo religioso.
   b) trabalho religioso e campo social.
   c) trabalho religioso e campo religioso.
   d) trabalho religioso e campo funcional.

4. Com relação às ideias de Danièle Hervieu-Léger, assinale verdadeiro (V) ou falso (F):

( ) É por meio da memória (de um fato religioso originador) que a religião se perpetua e influencia os indivíduos.

( ) A memória religiosa em ação confirma a continuidade da religião por meio da significação no presente com um olhar no futuro.

( ) A memória religiosa coletiva tem caráter normativo.

( ) A memória religiosa dos indivíduos favorece as práticas firmadas em cada respectivo credo religioso.

5. Para Henri Desroche, a religião, em meio à realidade social, deve ser percebida como:

a) uma possibilidade de esperança.
b) uma possibilidade de construção social.
c) uma possibilidade de desesperança.
d) uma possibilidade de exclusão.

Atividades de aprendizagem

Questões para reflexão

1. De forma geral, qual é sua percepção sobre as reflexões ocorridas na sociologia da religião contemporânea? Você considera que há, de fato, uma relação com o que ocorre no mundo religioso da atualidade?

2. Entre a secularização e a dessecularização, qual é o conceito mais apropriado para entendermos o estudo de Peter Berger na análise do fenômeno religioso atual? Por quê?

3. Considerando a perda da credibilidade religiosa apontada por Berger, identifique como será a sobrevivência da religião na contemporaneidade, vinculando tais aspectos à sua realidade, isto é, à prática religiosa em sua própria comunidade.

4. Qual é a maior contribuição de Bourdieu em relação ao estudo sobre a religião na contemporaneidade? Explique um pouco sobre o conceito por ele defendido.

5. Explique o que são os novos movimentos religiosos estudados por Hervieu-Léger, procurando citar e comentar com base em um exemplo prático que você conheça.

6. Explique o que significa a análise de Desroche sobre a religiosidade em suas perspectivas utópicas e messiânicas. Faça uma comparação com um movimento religioso atual que se expresse da forma como o autor apontou.

capítulo cinco

A sociologia da religião no Brasil

Dissertar sobre a sociologia da religião no Brasil é um grande desafio. Primeiro porque o Brasil é um país muito religioso, onde a religião está firmada na base do pensamento filosófico e cultural do país. Tal afirmativa é facilmente confirmada no cotidiano, ao percebermos como a religião exerce forte influência na sociedade brasileira, visível em nomes de cidades, estados e regiões e evidenciada pela forma como o povo brasileiro nasce, vive e morre (por meio de suas crenças, mitos e rituais). Outro aspecto fundamental nessa análise é a compreensão do fenômeno religioso brasileiro em sua **diversidade**. O Brasil recebeu de braços abertos diversas expressões religiosas, constituindo, muitas vezes, quase um **sincretismo religioso**, que está bem presente na vida religiosa do brasileiro. Portanto, analisar a sociedade brasileira sob um viés de pluralidade religiosa é um grande desafio.

Ressaltamos, ainda, o fato de que a sociologia religiosa brasileira é recente e apresenta o formato atual tanto por ter se embasado nas fontes clássicas da sociologia quanto por ter sofrido uma influência significativa de pesquisadores estrangeiros (Campos, 2007). Desse modo, podemos dizer que a sociologia religiosa brasileira não tem vida própria, ou seja, não apresenta categorias de análise próprias, sendo estudada com base em releituras dos clássicos da ciência.

Em primeiro lugar, precisamos entender como a sociologia brasileira percebeu o fenômeno sociorreligioso no país, tanto numa perspectiva histórica quanto atual. Sendo assim, analisaremos, neste capítulo, um pouco mais sobre como se deu a análise sociológica da religião no Brasil, por meio dos trabalhos de Cândido Procópio Ferreira de Camargo, Carlos Rodrigues Brandão e Roger Bastide.

5.1 Perspectiva histórica da sociologia da religião no Brasil

De início, em concordância com alguns teóricos (Alves, 1978; Camargo, 1973; Cesar, 1973), podemos afirmar que o estudo do fenômeno religioso no Brasil, com base nas premissas sociológicas, deu-se a partir de 1930, com um enfoque de investigação voltado para uma análise sobretudo do **catolicismo**, religião oficial do Brasil até a Proclamação da República e hegemônica na sociedade brasileira. Estudos sobre diferentes religiões e/ou fenômenos religiosos no Brasil se tornaram parte da observação realizada por pesquisadores que vinham de fora do país. Campos (2007, p. 116-117) resume muito bem tal perspectiva:

> As pesquisas acompanham a dinâmica do social: do catolicismo, as ciências sociais movem sua atenção para os fenômenos religiosos de matriz africana, e mais recentemente chegam à análise dos movimentos pentecostais e neopentecostais, no campo cristão, e aos novos movimentos religiosos: espiritismos, orientalismos, esoterismos, sincretismos, Nova Era etc.

Portanto, foi só em um momento pós-hegemônico do catolicismo que outras abordagens começam a imergir no estudo sociológico da religião. Essas investigações surgiram pela própria dinamicidade da sociedade, configurada pela alteração religiosa que começou a se desenvolver de forma significativa, pois quando o catolicismo começou a perder espaço e as religiosidades caracterizadas pelas religiões de matriz africana, pelo protestantismo (histórico, pentecostal ou neopentecostal), entre outras, exigiu-se dos sociólogos da religião um olhar mais atento às transformações ocorridas no campo religioso.

Os clássicos da sociologia da religião brasileira – se é que podemos chamar assim –, no entanto, limitam-se a: **Cândido Procópio Ferreira de Camargo** (1922-1987), que, na obra *Católicos, protestantes e espíritas*, analisou as religiões até então instituídas no Brasil; **Carlos Rodrigues Brandão** (1940-), que, em sua obra *Os deuses do povo*, analisou a religiosidade popular brasileira e sua diversidade; e, por fim, **Roger Bastide** (1898-1974), que, apesar de estrangeiro, estudou a religiosidade afro-brasileira, tornando-se referência no tema com sua obra *As religiões africanas no Brasil*.

5.2 Cândido Procópio Ferreira de Camargo e as religiões tradicionais no Brasil

A obra *Católicos, protestantes e espíritas* (1973), de Cândido Procópio Ferreira de Camargo, é um marco da sociologia da religião brasileira. Segundo Dias (2012, p. 141), esse foi o "primeiro estudo a partir de dados empíricos de sociologia da religião publicado no Brasil", inaugurando "uma série de estudos do campo religioso brasileiro". De fato, foi a partir desse estudo que se começou a analisar as transformações religiosas que estavam acontecendo no Brasil, provocadas pelo **êxodo rural**, pela **industrialização** e pela consequente **urbanização**. Pierucci (2002, p. 5, grifo do original) também disserta sobre essas mudanças e afirma:

> Desde seus inícios mais remotos, nos anos 50 e 60 do século 20, a sociologia da religião praticada no Brasil foi sempre uma sociologia do catolicismo em declínio. Em nosso país e na América Latina como um todo, mesmo os estudos sociológicos sobre as religiões não católicas, ao enfocarem a expansão quantitativa ou qualitativa de uma ou outra religião, seja ela qual for, estarão sempre fazendo – pelo avesso – uma sociologia do declínio do catolicismo.

O panorama religioso, portanto, estava em **transformação**, a hegemonia católica estava se **atenuando** e as religiões protestantes e espíritas apresentavam um **crescimento** significativo. E foi nessa perspectiva que Camargo (1973), partindo dos pressupostos de Weber, começou a investigar a relação entre modernidade e religiosidade em terras brasileiras, ou seja, "o que representava a vida religiosa para a sociedade brasileira" (Dias, 2012, p. 143).

Para Camargo (1973), a diversidade religiosa não se constitui a demonstração de um possível reavivamento da religião. Na verdade, a disseminação e o surgimento de diversas instituições religiosas, bem como seu ininterrupto ajustamento e/ou sua adequação às vindicações do cotidiano, **ameaçam** a existência religiosa – pelo menos no formato tradicional e/ou institucional que reconhecemos. Para ele, a fragmentação que permeava a realidade institucional do mundo "dessacraliza a própria instituição religiosa" (Camargo, 1973, p. 10).

A vida religiosa, nesse sentido, deveria ser interpretada como uma **ideologia**, estabelecendo um vínculo com a realidade social segmentada do povo brasileiro. Assim, "cada religião foi estudada como alternativa ideológica competitiva" (Dias, 2012, p. 143) e, para estudar o catolicismo e as outras religiosidades, Camargo (1973) elaborou uma tipologia, que sintetizaremos a seguir.

5.2.1 Tipologia do catolicismo brasileiro

Com relação à religião católica brasileira, Camargo (1973) considera as seguintes categorias: o **catolicismo tradicional rural**, o **catolicismo tradicional urbano**, o **catolicismo internalizado rural** e o **catolicismo internalizado urbano**. Como podemos perceber, Camargo (1973) classificou dois conceitos fundamentais da vida religiosa:

- **Tradicionalismo**: Trata-se de um comportamento social estabelecido com base em **costumes**. Dias (2012, p. 143) afirma que, nesse aspecto, não haveria "consciência plena dos valores religiosos que inspiram normas e papéis sociais, a tradição é quem legitima essas normas".

- **Internalização**: Diferentemente do tradicionalismo, evidencia-se com a **percepção** dos valores religiosos por parte do indivíduo. Mais uma vez, Dias (2012, p. 144) acrescenta que, nessa perspectiva, podem acontecer tensões "entre os valores tradicionais e os aceitos pelo indivíduo consciente dos elementos constituintes da sua religiosidade".

Para vincular tais conceitos à realidade social brasileira, Camargo (1973) estabelece, ainda, uma distinção entre o **urbano** e o **rural**, pois, segundo ele, a realidade do povo brasileiro se constitui em dois mundos diferentes nesse sentido, com significações distintas, tanto no aspecto cultural quanto na realidade econômica, tecnológica e social.

A distinção proposta por Camargo (1973) sobre o **catolicismo tradicional rural** se caracteriza pelo sincretismo religioso com culturas indígenas e/ou europeias; pelo culto aos santos; pelas exigências em relação a aspectos sagrados e/ou morais, mais rígidas para as mulheres em detrimento aos homens; pelas atividades de lazer caracterizadas pela religião (festas religiosas, por exemplo); pela liderança menos formal, mais popular e leiga, com ênfase mais carismática; pela diversidade de espaços sagrados (capelas, igrejas, cruzes, santuários etc.) em locais diferentes (casas, estradas etc.); pela predominância católica e rejeição a outras religiões; e por certa independência da igreja institucional e dos dogmas.

Por outro lado, o **catolicismo tradicional urbano** se caracteriza pela interferência direta da vida urbana na vida religiosa. Por isso, os fiéis dão preferência a participar das cerimônias religiosas, bem como receber o sacramento somente em momentos especiais da vida humana: nascimento, batismo, casamento, doença e morte. São os ritos de passagem que, mesmo sob forte secularização, ainda distinguem a prática religiosa católica. Nesse sentido, Camargo

(1973) identifica dois fatores que marcam tais práticas religiosas católicas no contexto urbano:

- **Latencialidade:** Mesmo que os fiéis não compreendam corretamente o que significam alguns ritos, para eles, são importantes e "latentes as práticas religiosas e seus símbolos" (Dias, 2012, p. 145).
- **Potencialidade:** Ao realizar tais ritos em momentos significativos, a vida religiosa ressurge, dando novo sentido à vida e a tudo o que por ela é permeado (família, relacionamentos, trabalho etc.). Por isso, Camargo (1973, p. 62) afirma que "nos momentos de crise, experiências e interpretações religiosas são reavivadas, trazendo explicações consoladoras e renovando o sentido da vida".

Após tais constatações, Camargo (1973) concluiu que o catolicismo tradicional (rural ou urbano) **não** consegue exercer influência na vida de seus seguidores tanto quanto antes. É por isso que ele identifica que a Igreja Católica respondeu a tal situação reorientando sua pastoral, a fim de que o catolicismo se tornasse uma religião **internalizada** ao seu fiel, com a percepção dos valores religiosos, caracterizada por meio de algumas ações específicas.

Desse modo, o **catolicismo rural internalizado** se caracteriza pelo forte apelo aos movimentos messiânicos. Steil e Herrera (2010, p. 367) definem tal ação da seguinte forma:

> O catolicismo aparece então como um movimento depositário de uma tradição e de uma ideologia pré-modernas que vão se expressar em formas políticas de resistência ao capitalismo e suas consequências secularizadoras no campo das práticas sociais. Classificados como milenaristas ou messiânicos, esses movimentos serão associados à violência

decorrente do caráter moral e das disposições interiores de indivíduos que não teriam ascendido ao nível da racionalidade moderna que teria alcançado a sociedade brasileira como um processo natural e irreversível.

Já o **catolicismo urbano internalizado** foi provocado por organizações que buscavam "uma modernização dentro do catolicismo. [...] Esses movimentos adquiriram funções modernizadoras e contestatórias" (Dias, 2012, p. 146). Um dos exemplos citados por Camargo (1973) é o Movimento de Educação de Base (MEB). Esse movimento foi precursor da educação a distância e aconteceu no Estado do Rio Grande do Norte, por meio das escolas radiofônicas promovidas por Eugênio Sales – que iniciou sua carreira religiosa como padre, depois tornou-se arcebispo e, por fim, um cardeal de destaque do Rio de Janeiro.

A trajetória do MEB, por exemplo, está marcada por ações que vão desde a alfabetização até o desenvolvimento de cursos de capacitação dedicados às comunidades, como algumas práticas de cooperativismo e associativismo. Dessa forma, podemos perceber que, sem dúvida, tais movimentos responderam a uma necessidade de reciclagem do catolicismo em meio ao caso urbano. A igreja procurou, de fato, ouvir a cidade e o clamor por ela apresentado, buscando, assim, oferecer respostas que pudessem atingir o sujeito urbano nas suas necessidades mais profundas.

5.2.2 Tipologia do protestantismo brasileiro

Seguindo o mesmo raciocínio da tipologia católica, Camargo (1973) apontou as caracterizações da tipologia protestante brasileira com base em duas vertentes: o **protestantismo de imigração** e o **protestantismo de conversão**. Além disso, incorpora um movimento mais recente dentro do protestantismo, que é o pentecostalismo.

No primeiro, o autor analisa o caso do **luteranismo** no Brasil, que se concentra, especialmente, na Região Sul do país, onde se instalou a maioria dos imigrantes alemães, constituindo-se em sociedade pelas colônias. Dias (2012, p. 146) resume bem ao afirmar que essas colônias se distinguem por serem um **núcleo fechado**, cultural e linguisticamente, e ressalta, ainda, que há entre elas "uma tendência a abandonar os padrões de autopreservação e a iniciar uma fase de assimilação à cultura brasileira". Os **menonitas** constituem outro exemplo desse tipo de protestantismo de imigração que se instalou na Região Sul. De origem alemã, esses imigrantes se instalaram principalmente nos Estados do Paraná e de Santa Catarina. Maske (2013, p. 253) resume muito bem esse grupo:

> *Originários da Reforma Protestante do século XVI, os menonitas se constituíram um grupo religioso bastante fechado que rejeitava o contato com mundo secularizado. Seus fundamentos religiosos se basearam no anabatismo, que rejeitava a ordem constituída, em nível religioso e também na relação do cristão com o Estado.*

Diante de tal postura, os menonitas passaram por muitas perseguições, sentindo, assim, a necessidade de colonizar áreas que, na época, não tinham grandes populações, como era o caso das Américas. As colônias eram fechadas com autogoverno, a língua alemã como elemento de coesão social e um controle rígido em várias esferas sociais da comunidade, como hospitais, escolas e locais de trabalho.

Por outro lado, o **protestantismo de conversão** é percebido por Camargo (1973) como um **grupo minoritário**, que vive sua religiosidade com mais intensidade, marcada por práticas e sentimentos religiosos bem evidenciados. Dias (2012, p. 146-147) resume bem a análise realizada por Camargo (1973) da seguinte forma:

Assim, o protestantismo é visto como uma comunidade que mantém uma dissemelhança ao mundo religioso brasileiro marcado pelo catolicismo e tendendo ao isolamento social. Quando analisado a partir das classes sociais, o protestantismo de conversão é ligado à pequena burguesia, ao proletariado urbano e à aristocracia rural decadente. A função principal ligada à conversão ao protestantismo estaria a de mudança social e com isso um estabelecimento de um novo padrão de comportamento inspirado na ética puritana.

Por fim, o **pentecostalismo** se caracteriza por duas funções sociais específicas: **gerar integração** e **proporcionar a cura**. Tais funções eram necessárias devido ao fato de o pentecostalismo exercer, em tempos passados, sua maior influência entre as classes sociais mais pobres do Brasil. Esses cidadãos foram significativamente atingidos pela desorganização social provocada pelo surgimento de novas formas de produção, pelo êxodo rural etc. e, dessa forma, "se encontram despreparados para participar de modo efetivo na sociedade urbano-industrial" (Dias, 2012, p. 147). O pentecostalismo, portanto, exerce uma **ação social integradora** que, ao mesmo tempo, ameniza o sofrimento causado pelas desigualdades sociais.

5.2.3 Tipologia do espiritismo no Brasil

Por fim, Camargo (1973) classifica as religiões espíritas no país em **kardecismo** e **umbanda**. Para ele, o espiritismo kardecista se caracteriza como uma expressão religiosa que procurar **orientar** a vida de seus seguidores, concedendo-lhes **significado de existência**. A racionalidade doutrinária do kardecismo alcança uma pequena parte da população brasileira, ou seja, um grupo de pessoas consideradas supostamente mais intelectuais e que anseiam por novos rumos diante da realidade ideológica dominante no país. Nesse sentido, para Camargo (1973), tal doutrina contempla algumas "expectativas de pensamento racional com a vantagem de não se encontrar comprometido com a dessacralização e a neutralidade axiológica que são pressupostos da filosofia da ciência" (Dias, 2012, p. 147).

A umbanda, por sua vez, é considerada por Camargo (1973) como uma **expressão significativa do sincretismo religioso**, já que apresenta em seu arcabouço características das religiões africanas, indígenas, católicas e espíritas, seja em suas influências, seja em seus ritos ou em suas práticas. Dias (2012, p. 148) resume que, nessa perspectiva, a umbanda é marcada como "uma religião de massa que apresenta soluções sacrais às problemáticas específicas da população pobre urbana do Brasil".

A pressuposição estabelecida por Camargo (1973) é de que há um **elemento vinculativo** entre ambas as religiões (kardecismo e umbanda), evidenciado por meio da **mediunidade**. Portanto, para ele, ambas as expressões espíritas se assemelham na comunicação entre seres humanos e espíritos, ou, ainda, na manifestação de um espírito desencarnado através de um corpo humano (encarnado). Enquanto no kardecismo prevalece a linha mais partidária à **mediunidade consciente** (na qual o médium mantém a consciência em meio ao período de transe), na umbanda se sobressai a **mediunidade inconsciente** (em que o médium fica totalmente dominado pelo espírito).

Camargo (1973) finaliza ressaltando que, por causa das mesmas características sociais existentes no pentecostalismo, essas religiões exercem **funções sacrais**, isto é, apresentam "funções terapêuticas e de integração do indivíduo na sociedade" (Dias, 2012, p. 148).

5.3 Carlos Rodrigues Brandão e a religiosidade popular brasileira

Sob o prisma de uma análise sociológica voltada para a religiosidade popular no Brasil, **Carlos Rodrigues Brandão** entende que a maneira mais apropriada para se compreender a cultura popular se dá por meio da religião, ou seja, "no caso da cultura popular, a religião é a forma de explicação mais usual da realidade" (Dias, 2012, p. 149). Dessa forma, seus estudos[1] se concentram no **indivíduo**, ou, como ele prefere, sobre os agentes religiosos, isto é, "o rezador, o capelão, o chefe de grupo ritual de camponeses ou de negros, o pai de santo, o feiticeiro de esquina, o presbítero de pequena seita, o curador e a benzedeira" (Brandão, 1986, p. 17).

Assim, o desenvolvimento do trabalho religioso realizado por meio de uma religião, igreja, seita ou qualquer outro tipo de expressão religiosa originou, por si mesmo ou por meio de uma série de diversos fatores sociais, uma **multiplicidade** de agentes religiosos populares.

Considerando a religiosidade brasileira de sua época, Brandão (1986) analisou as religiões com maior adesão de fiéis no Brasil, ou seja, os católicos, os protestantes e os espíritas. Vale lembrar que, nesse sentido, a percepção de Brandão (1986) segue a mesma linha de percepção dos estudos de Camargo (1973). O contraponto, no entanto, dá-se pelo fato de que, em sua investigação, "além dos templos tradicionais e de seus funcionários, havia também uma série de sacerdotes iniciantes e invenções confessionais em teste"

---
1   Tese de doutorado na Universidade de São Paulo (USP) realizada por meio de uma pesquisa de campo em Itapira/SP.

(Dias, 2012, p. 149). Brandão (1986) constata que uma característica marcante da expressão religiosa popular era a inclinação para uma **ação de resistência** atrelada ao **resgate de costumes de crença tradicional** ou, ainda, o surgimento de **formatos religiosos inovadores**.

Brandão (1986) estabelece uma diferenciação entre os agentes religiosos com base em suas respectivas origens. "Enquanto o sacerdote ou profeta são oriundos de fora da cidade, os rezadores são sujeitos de sua própria comunidade, os senhores do mistério – curandeiros, mães de santo, feiticeiros, mesmo quando naturais, aprenderam fora as artes do ofício e retornaram especialistas nas artes do ofício" (Dias, 2012, p. 149).

A mesma distinção é realizada por Brandão (1986) quando se trata da formação desses agentes. Para ele, alguns agentes, identificados como *especialistas*, participavam de um **programa sistemático de formação e preparação** para a vida religiosa, que seria análogo a um curso de nível superior. No exemplo das religiões cristãs, poderíamos citar a formação dos sacerdotes (padres e pastores) em seminários teológicos que, na época da análise de Brandão, constituíam-se em cursos livres, porém no mesmo modelo de cursos de graduação comuns de qualquer faculdade[2].

Um segundo tipo de formação desses agentes se dava, na percepção de Brandão (1986), de forma mais acelerada. Essa formação poderia ser por **correspondência** ou mesmo em **cursos rápidos**, já que "a ênfase era a formação na prática" (Dias, 2012, p. 149). Um exemplo desse tipo de formação é o que ocorreu por muito tempo em igrejas pentecostais, como a Assembleia de Deus, a Igreja

---

2 Um curso de bacharelado em Teologia dura, em média, quatro anos. No caso católico, agrega-se, ainda, a formação em Filosofia que acompanha o processo de formação do sacerdote.

do Evangelho Quadrangular e a Igreja Pentecostal Deus é Amor.[3] Era (e ainda é) muito comum constatar a criação de institutos que proporcionassem um estudo rápido, mais prático e menos teórico, com base nas doutrinas do segmento religioso de pertença, a fim de impulsionar a formação de agentes religiosos com o mínimo de condição necessária para o exercício de suas funções religiosas. A formação kardecista seguiria, nesse sentido, o mesmo modelo.

De forma oposta, Brandão (1986) afirma que os agentes religiosos populares surgem de forma mais natural (de acordo com a necessidade local) e não passam, necessariamente, por uma formação específica. Segundo ele,

> Na direção do trabalho religioso popular aumentam as iniciativas pessoais de acesso ao sacerdócio, na mesma medida em que a comunidade, muitas vezes sem a interferência de corpos ou confrarias dominantes de agentes regionais, controla e define tanto o alcance quanto a qualidade do exercício dos seus especialistas. Nos sítios e nos bairros de baixo, qualquer pessoa adulta, conhecida, ou envolvida de mistério legítimo, pode ser apresentar como um rezador, uma benzedeira, um curandeiro, uma mãe de santo, um profeta inovador ou um agente pentecostal. (Brandão, 1986, p. 150)

Na obra *Memória do sagrado: estudos de religião e ritual* (1985), Brandão contribui com uma percepção mais aprofundada em relação ao trabalho desses agentes religiosos populares:

> Longe das cidades, nas imensas e despovoadas áreas dos sertões do país, comunidades de camponeses e pequenas confrarias de grupos rituais cultuam os seus padroeiros e uma pequena multidão de santos de preceito.

---
3   Antigamente, a formação de lideranças religiosas de igrejas (principalmente) pentecostais se dava na prática, não se exigindo um curso de Teologia como requisito básico para o exercício. Atualmente, essa prática ainda é comum, mas já há um consenso sobre a necessidade de uma formação específica na área.

Sem a necessidade da presença de sacerdotes oficiais, fazem os seus cultos e, entre os seus especialistas do sagrado, distribuem quase todo o trabalho religioso de que nutrem a vida, a fé e os sonhos. (Brandão, 1985, p. 134)

Após dissertar sobre os agentes religiosos, Brandão (1985) perpassa pela apreciação sobre os indivíduos religiosos, ou seja, sobre aqueles que participam de cada religião, classificando-os em *leigos*, *fiéis* e *clientes*.

De acordo com Dias (2012), podemos entender tais distinções da seguinte forma:

- **Leigos**: Indivíduos religiosos que passaram a ser membros da instituição religiosa por meio de alguns **ritos** previamente definidos. O envolvimento se dá por meio da **participação** em rotinas rituais preestabelecidas de caráter **sacramental**. Além disso, cabe ao leigo se envolver em ações realizadas pelo respectivo segmento religioso, que podem se diversificar entre aspectos organizacionais e/ou educacionais (ensino de catequese ou escola bíblica dominical) ou, ainda, no engajamento em atividades de cunho social.
- **Fiéis**: Indivíduos que realizam uma prática religiosa menos intensa que os leigos, baseada em **ações de rotina** – ou seja, os fiéis não trabalham pela religião (ou pela organização) e se portam mais como usuários/consumidores da fé. Apesar disso, são frequentadores da igreja compromissados com a fé que professam, mesmo que em menor grau à participação dos leigos.
- **Clientes**: Indivíduos que, apesar de certa expressão e apego religioso, **não são filiados** à organização religiosa. O próprio termo, baseado num aspecto mais mercadológico, os define bem: buscam os serviços religiosos de forma **pontual**, com base nas necessidades específicas de cada momento.

Outro aspecto importante analisado por Brandão (1985) é a questão dos **conflitos religiosos** existentes, que desafiam a ação dos agentes religiosos. Esses conflitos podem ocorrer "dentro dos limites da sociedade, dentro do campo religioso e dentro dos limites da sua própria religiosidade" (Dias, 2012, p. 151). Vejamos alguns exemplos referentes a possíveis conflitos na Igreja Católica:

- **Na sociedade:** Conflitos contra grupos ou movimentos intelectuais que não compactuam com a Igreja Católica, como a maçonaria.
- **No campo religioso (cristão):** Conflitos contra grupos protestantes e/ou espíritas.
- **No próprio catolicismo:** Diferentes linhas de interpretação e ação ou, ainda, entre os contestadores da Igreja.

Brandão (1985) ainda acrescenta que tais conflitos, tanto de concorrência quanto de oposição, podem acontecer, também, entre a religião erudita oficial e a popular. Nesse sentido,

> Popular não é apenas a religião, mas todo o sistema de serviços próprios e de ajudas mútuas ou o surto popular de formação de igrejas e religiões ou de luta. Nesse sentido, entra desde a formação das pequenas igrejas pentecostais até a resistência do catolicismo popular em evitar ser alijado da Igreja Oficial, porque é um sistema religioso da comunidade camponesa. É o caso do culto em Juazeiro do Norte (Ceará), ao Padre Cícero, ou no Contestado (Santa Catarina), em que o monge João Maria foi "canonizado pelo povo". (Dias, 2012, p. 153)

Há, portanto, uma resistência popular, imbricada em suas práticas e experiências religiosas, em detrimento à religião oficial dominante. Para o povo, a religião oficial pode destruir seu característico modo de vida simples e popular, em que a ajuda ao próximo se constitui com fundamento basilar de sua fé popular. Nesse sentido, o acesso à religião oficial é **esporádico** e só realizado quando necessário. Enquanto isso, a população segue sua vida religiosa normalmente, fundamentando-a na religiosidade popular, por meio de "suas crenças e dos seus rituais [...], congregada como uma comunidade quase autônoma de fiéis" (Brandão, 1986, p. 141). Em síntese, Brandão (1986) entende que há uma **luta de classes** que abarca o fiel, estabelecida entre a religião oficial, como dominante, e a religiosidade popular, caracterizada pelo povo.

Ao analisar esse conceito de conflito no aspecto religioso por parte de Brandão (1986), Dias (2012, p. 155) contribui de forma significativa, mais uma vez, ao fazer o seguinte resumo:

> *Para Brandão o grande antagonismo de classes não acontece entre as religiosidades oficiais, mas dentro do próprio campo religioso em que o erudito é antagônico ao popular, são domínios opostos. A dominação secular é revestida pela religião erudita que dialeticamente sofre a resistência da religiosidade popular. A hostilidade no campo religioso segue uma lógica de proximidade. O espírita kardecista pode ser muito mais rigoroso com a prática do umbandista, o pastor protestante com a igreja pentecostal independente e o padre católico com as manifestações populares dentro da paróquia.*

Podemos concluir, então, que a análise de Brandão (1986) se dá na divisão existente entre a religião erudita e a religião popular, caracterizada pela luta e pela resistência da última à dominação impetrada pela primeira, seja no aspecto religioso (práticas, ritos etc.), seja no social (luta de classes entre a elite religiosa – dominantes/opressores – e a população religiosa mais pobre – dominados/oprimidos).

5.4 A religiosidade afro-brasileira em Roger Bastide

Quando se trata dos estudos sociológicos sobre a prática religiosa afro-brasileira, precisamos indubitavelmente nos remeter a **Roger Bastide**. Em sua obra *As religiões africanas no Brasil* (1971), o autor aponta que a prática do **candomblé** (antigo, de raízes bem próximas ao seu início africano) não apenas serviu como meio de **preservação das raízes étnicas** dos ancestrais africanos, mas também instigou em seus praticantes a **sensação de pertencimento** a um povo. A religião, portanto, contribuiu no aspecto social de subsistência desses antigos escravos em terras brasileiras[4].

Nesse sentido, o aspecto **místico** era marcante na procedência e na prática do candomblé. Por isso, Bastide (1971, p. 13) afirma: "O misticismo, com efeito, está na origem da religião. Os chamados povos primitivos não ignoram o êxtase e a profecia, entregam-se a frenesis singulares pelos quais pensam separar-se do mundo profano e penetrar no domínio do sagrado".

Tais práticas místicas, portanto, advinham de suas bases originárias. É por isso que Bastide (1971) ressalta a importância de analisar e compreender a religião do candomblé não com receio ou até mesmo preconceito. É preciso, na verdade, entender a lógica impregnada pelos religiosos como um **fenômeno religioso natural** baseado na cultura africana. Dias (2012, p. 156) lembra que "a mística africana deve ser diferenciada da mística cristã e deve ser entendida como um mundo místico autônomo".

---

4   Vale ressaltar que a análise de Bastide (1971) se limita àquele tempo. Obviamente, o atual *status* do candomblé, como opção no diversificado mercado religioso atual, não foi objeto de seu estudo (Prandi, 2004).

Antes de desembarcarem no Brasil como escravos, esses indivíduos tiveram suas vidas destruídas. Eram muitos, de muitos lugares, contextos e culturas diferentes dentro do imenso continente africano. Portanto, a estrutura social desses povos estava totalmente descaracterizada. Ainda assim, mesmo em meio a tantos percalços, os valores, como a religião, foram conservados. Nesse sentido, Dias (2012, p. 157) ressalta: "Para esses valores poderem subsistir eles tiveram que formar novos quadros sociais. Isso significa que tiveram que produzir uma sociedade e isso ocorreu em um movimento de cima para baixo em que os valores dessas representações coletivas reestruturaram as instituições e os grupos".

Nessa análise da sociedade instigada pelos adeptos das religiões africanas, Bastide (1971) percebeu que a intensa **violência** contra esses povos interferiu, de igual modo, na vivência religiosa. Assim, de acordo com Dias (2012, p. 157), as práticas religiosas dos indivíduos "eram mais fiéis, mais puras e mais ricas nas cidades onde os fatores negativos da escravidão foram mais amenos".

Outro aspecto a ser considerado é que, na percepção de Bastide (1971), fica evidente um **dualismo** entre classes opostas. Assim, para que a prática do candomblé se conservasse viva entre eles, muitas vezes os ritos religiosos só aconteciam de forma **clandestina**, "perseguida, encurralada, mas que jamais morre, resistindo assim, até hoje, a todas as violências" (Bastide, citado por Mantovanello, 2006, p. 26).

De fato, os escravos enfrentavam um grande desafio naquele tempo, afinal, não tinham o direito de resguardar-se materialmente nem de enfrentar a difícil realidade contra uma pessoa de etnia branca – que, aliás, tinha todos os direitos em seu favor. É por isso que, fundamentado em suas crenças, o negro se amparava em suas **práticas religiosas místicas** – talvez a única forma que restava para que suas individualidades fossem respeitadas por seus dominadores. É bem possível que essa relação entre o mundo real e o mundo místico, entre o ser humano e o ser divino (com este último encarnado no primeiro), causasse estranheza aos senhores de escravos. Além da resistência de seus donos, havia uma tensão em relação à religião oficial praticada no país, que, aliás, não permitia a liberdade religiosa. Mesmo assim, suas práticas religiosas serviram como **resistência cultural** e **valorização do sagrado**, pois:

> *Ainda que patrulhados pela Igreja Católica, pelas autoridades policiais e pelos senhores, para os quais a verdadeira manifestação do divino se expressava através do catolicismo, os negros perpetuaram os seus valores religiosos, recorrendo ao sincretismo, ou mesmo a manutenção de casas culturais com a finalidade específica de reavivar os ritos e mitos religiosos da África.* (Mantovanello, 2006, p. 26)

Além dos ritos e do misticismo, Bastide (1971) percebeu que a prática do candomblé se dava de forma **complexa** e **hierarquizada**. Nesse sentido, Dias (2012, p. 159) afirma:

> *O mundo do candomblé é composto por mitos, ritos e divindades que organizam a realidade através de posições religiosas bem definidas.*
>
> *Assim, o mundo religioso determina o status do indivíduo através de obrigações e encargos, e quanto mais ele carrega consigo, menos liberdade e mais tabus lhe são impostos. O sistema ético do candomblé é marcado pela solidariedade e reciprocidade como uma exigência das divindades.*

Por fim, cabe destacar outro pensamento fundamental de Bastide, que ele analisa em sua obra *O sagrado selvagem e outros ensaios*, publicada pela primeira vez em 1975. Para Bastide (2006), o estudo sobre mitos, sonhos, possessão etc. se fundamentam com base no conceito de um *sagrado selvagem*, ou seja, um fato místico religioso que não está sob o domínio das organizações religiosas, mas que, por outro lado, se evidencia através do sujeito na arte, no sonho das pessoas, em ações revolucionárias e por meio das mitologias modernas. O ser humano, nesse contexto, constrói seus deuses mediante suas **necessidades**, que se chocam frontalmente com o sagrado institucionalizado por meio das expressões religiosas oficiais. Dias (2012) afirma que tal percepção de Bastide se fundamenta na recorrência do sagrado encontrada na prática do candomblé no Estado da Bahia.

Síntese

Neste quinto capítulo, analisamos a sociologia da religião desenvolvida no Brasil por Cândido Procópio Ferreira, Carlos Rodrigues Brandão e Roger Bastide, que, apesar de muito recente, trata de temas importantes para aqueles que labutam na área religiosa brasileira. Vimos que o primeiro estudo sobre sociologia da religião publicado no Brasil foi realizado por Cândido Procópio Ferreira. Analisando questões voltadas para as transformações sociais, Ferreira percebeu que a hegemonia católica se atenuava e as religiões protestantes e espíritas apresentavam um crescimento significativo.

Verificamos, também, que Carlos Rodrigues Brandão baseou seus estudos na religiosidade popular brasileira de sua época, com enfoque nas religiões que apresentavam maior adesão de fiéis no Brasil, ou seja, os católicos, os protestantes e os espíritas. Analisamos, por fim, a religiosidade afro-brasileira por meio dos estudos de Roger Bastide. Para ele, a prática do candomblé em terras brasileiras não apenas serviu como meio de preservação das raízes étnicas dos ancestrais africanos, mas também instigou em seus praticantes a sensação de pertencimento a um povo.

Atividades de autoavaliação

1. Quando analisamos a sociedade brasileira e sua relação com a religiosidade, podemos afirmar:
   a) O Brasil é um país com poucas características marcantes de religiosidade – afinal, a base de seu pensamento filosófico e cultural é caracterizada por aspectos antirreligiosos.
   b) O Brasil é um país com características marcantes de religiosidade, a ponto de percebemos que a base do pensamento filosófico e cultural é significativamente religiosa.
   c) O Brasil é um país com características marcantes de religiosidade; entretanto, não é possível perceber tais características na sociedade e na forma como ela vive.
   d) O Brasil é um país que já apresenta características marcantes de religiosidade. Porém, atualmente, não apresenta tais vínculos e a sociedade está distante de uma vivência religiosa.

2. Com relação à sociologia da religião brasileira, assinale verdadeiro (V) ou falso (F):
   ( ) Boa parte da sociologia religiosa brasileira foi elaborada por influência de teóricos estrangeiros.
   ( ) O estudo sociorreligioso brasileiro não apresenta categorias de análises próprias e costuma ser analisado de acordo com os clássicos da sociologia.
   ( ) Boa parte da sociologia religiosa brasileira foi elaborada por influência de cientistas da religião de nosso próprio país.
   ( ) O estudo sociorreligioso brasileiro apresenta categorias de análises próprias que foram quase totalmente desenvolvidas por teóricos e sociólogos brasileiros, sem influência estrangeira.

3. Sobre o estudo de Cândido Procópio Ferreira, podemos afirmar:
   a) Ele analisou todas as formas de religião que existiam no Brasil nas décadas de 1950 e 1960.
   b) Ele analisou as religiões instituídas no Brasil nas décadas de 1950 e 1960, ou seja, católicos, protestantes e espíritas.
   c) Ele analisou as religiões orientais que chegaram ao Brasil por meio da imigração nas décadas de 1950 e 1960.
   d) Ele se limitou a analisar a religião predominante no Brasil nas décadas de 1950 e 1960, isto é, o catolicismo.

4. Considerando os pressupostos defendidos por Carlos Rodrigues Brandão e a religiosidade popular brasileira, assinale verdadeiro (V) ou falso (F):
   ( ) A maneira mais apropriada para se compreender a cultura popular se dá por meio da religião.
   ( ) No caso da cultura popular, a religião é a forma de explicação mais usual da realidade.
   ( ) Brandão dá preferência ao estudo das instituições religiosas em detrimento do estudo dos agentes religiosos.
   ( ) Os agentes religiosos populares surgem de forma natural, de acordo com a necessidade local.

5. Em seu estudo sociorreligioso, Roger Bastide foca sua investigação em qual prática religiosa brasileira?
   a) Protestantismo histórico.
   b) Catolicismo.
   c) Espiritismo kardecista.
   d) Candomblé.

Atividades de aprendizagem

Questões para reflexão

1. Quais são os principais desafios que emergem ao se estudar o fenômeno religioso brasileiro? Discorra sobre eles.

2. Antes dos estudos realizados por Camargo (1973), Brandão (1986) e Bastide (1971), qual era a realidade do estudo sobre a religiosidade no Brasil?

3. Faça uma síntese do pensamento de Cândido Procópio Ferreira Camargo e das religiões tradicionais no Brasil.

4. Escolha uma das religiões analisadas e resuma as principais características das tipologias classificadas por Camargo (1971).

5. Explique o que querem dizer os conceitos de Brandão (1986) de *leigos*, *fiéis* e *clientes* e faça uma comparação com algum segmento religioso da atualidade.

6. O que é o misticismo para Bastide (1971) e por que ele se tornou importante na vida dos escravos na prática de sua religiosidade em terras brasileiras?

capítulo seis

Sociologia da religião: perspectivas e desafios atuais

Estamos no último capítulo desta obra. Nos capítulos anteriores, analisamos como se deu o estudo sociológico da religião numa perspectiva histórica, desde o surgimento da sociologia, perpassando pelos primeiros estudos sobre o assunto, até uma análise sobre o fenômeno religioso contemporâneo. Neste momento, temos outro desafio: analisar a sociologia da religião por meio de suas **perspectivas** e dos **desafios** da atualidade – afinal, como bem disse Giddens (2005, p. 26), "a sociologia tem muitas implicações práticas em nossas vidas".

Nossa proposta aqui é, por um lado, estudar o **fato sociológico** fundamentado nos pressupostos da sociologia da religião e, por outro, a **realidade da prática religiosa contemporânea** com base em uma reflexão mais teológica. Por isso, por vezes, tal enfoque estará mais voltado para a religião cristã. A escolha por essa corrente religiosa específica se deu por dois fatores. O primeiro é o fato de que o cristianismo é a base do estudo teológico desta obra. Já o segundo é o número de cristãos em nosso país – de acordo com os dados do censo demográfico realizado em 2010 pelo Instituto Brasileiro de Geografia e Estatística (IBGE, 2010), o Brasil é formado por 86,8% de cidadãos cristãos. Optamos, portanto, por fazer essa análise sob esse viés (assim como já o fizeram alguns sociólogos) para podermos compreender especificamente a realidade religiosa predominante na sociedade brasileira. No entanto, nada impede que os princípios aqui aplicados sirvam como base e/ou exemplo para análises referentes aos fatos sociais oriundas de outras religiões – resguardadas, obviamente, suas devidas especificidades e limitações epistemológicas e/ou dogmáticas.

Uma ressalva se faz necessária: mesmo com essa abordagem metodológica, nosso estudo se desenvolverá a partir de uma análise científica da compreensão da sociedade. Nosso intuito é dialogar e contribuir reciprocamente com questões teológicas, sociais e religiosas. Nesse sentido, no viés sociológico, Martelli (1995, p. 35) contribui significativamente ao afirmar que, "Desde a origem da Sociologia como ciência, a questão da religião apresenta-se estreitamente conexa com aquela da mudança social e do futuro da sociedade".

Da mesma forma, no viés teológico, Santana Filho (2013, p. 34) complementa:

> *O teólogo é um membro da sociedade. É preciso refletir sobre essa complexidade da vida e, ainda que não se obtenha respostas a todas as indagações, é preciso saber problematizar. [...] Estamos em constante interação com os domínios que compõem a sociedade em que vivemos. A pós-modernidade com seus conflitos, seus discursos desconstrutivos, seus problemas éticos e econômicos, chama a todos os indivíduos a buscarem soluções.*

É, portanto, a partir desses pressupostos que, neste capítulo, nosso estudo sociorreligioso deverá se manter fiel à análise do fenômeno religioso como um **fato social** e um **componente cultural** por meio de um conjunto de crenças, valores e comportamentos que influenciam e norteiam as ações em nossa sociedade, sem, porém, deixar de perceber como tais realidades constituem um **desafio** aos religiosos na atualidade. Cabe, portanto, entender como tais realidades se apresentam para aqueles que exercem o ofício religioso e, assim, de que forma poderão contribuir na construção de uma sociedade melhor.

6.1 Desafios e perspectivas sociorreligiosas no mundo pós-moderno

Sem dúvida, tanto para os sociólogos quanto para os religiosos, cabe a responsabilidade de **problematizar** a realidade com base em questões-chave, procurando, assim, contribuir na busca de soluções possíveis em nossa sociedade. Para isso, porém, é preciso compreender o mundo social em que vivemos, e a sociologia, sem dúvida, é um meio para se alcançar tal objetivo. Nesse sentido,

> As mudanças estruturais, pelo menos nas sociedades ocidentais, ou seja, no macrocosmo religioso, decretam ou orientam cada vez mais o novo papel da sociologia da religião. A pergunta essencial consiste em saber como estas mudanças influenciam concretamente as diferentes formas organizadas da religião. (Dix, 2006, p. 9)

Certamente, não há como discordar que o mundo está passando por transformações significativas. Algumas questões, tais quais o capitalismo, a globalização, o pós-modernismo, entre outras, afetam diretamente a vida da sociedade atual. A religião, nesse sentido, não pode ficar alienada. Ela faz parte da **realidade social**, da vida das pessoas. O ser social é, também, um ser religioso, não há como separar. É por isso que, tanto numa perspectiva sociológica quanto religiosa/teológica, é possível viver com crenças e percepções de forma mais justa no mundo pós-moderno em que vivemos e, da mesma forma, mais conectada com a realidade social.

Dissertar sobre a **pós-modernidade** é um desafio, e analisá-la sob a ótica do fenômeno religioso aumenta ainda mais a dificuldade e a responsabilidade. Na verdade, as influências sobre o efeito que a pós-modernidade tem exercido na vida religiosa vêm sendo analisadas desde o capítulo em que refletimos sobre a sociologia da religião contemporânea.

Queiroz (2006) é um dos sociólogos que destacam que o próprio termo *pós-modernidade* é fruto de muita discussão. De fato, para alguns, como Habermas e Giddens (citados por Queiroz, 2006), ainda estamos na modernidade. Para outros, como Lyotard (2004) e Martelli (1995, p. 420), há "traços de modernidade e de pós-modernidade" coexistindo na cultura contemporânea. Portanto, a própria definição do termo já se configura um desafio. Nesse sentido, Queiroz (2006) faz uma relação dos diferentes termos utilizados na atualidade, sempre em relação aos teóricos que os defendem, entre os quais se destacam: **hipermodernidade**, **neomodernidade**, **modernidade tardia** e **transmodernidade**.

Diante de tanta complexidade, Azevedo (2015, p. 96) faz um belo resumo, afirmando que "definir a sociedade pós-moderna implica em perceber um movimento de ruptura e continuidade [...] de um projeto inacabado da modernidade". De fato, em sintonia com Martelli (1995), essa posição é equilibrada no sentido de entender que alguns pressupostos da modernidade ainda continuam influenciando a realidade atual (o capitalismo, por exemplo), sem, porém, deixar de perceber que novas realidades surgiram, apontando para um novo momento e, portanto, exigindo uma nova análise. É por isso que, neste estudo, optamos pelo termo *pós-modernidade*, visto que, em concordância com os pressupostos de Martelli (1995) e Azevedo (2015), entendemos que estamos vivenciando um tempo que representa **ruptura** e **continuidade** ao mesmo tempo, e que, da mesma forma, apresenta uma série de características específicas e desafios próprios a essa realidade.

Dessa forma, apesar do grande desafio e das possíveis limitações – dada a complexidade em relação ao assunto –, cabe uma breve demarcação sobre o que a realidade pós-moderna nos apresenta. Para Azevedo (2015, p. 100), a pós-modernidade

> *Tem produzido mudanças profundas na estrutura social e urbana, nos conceitos estéticos e culturais, na configuração do humano como novo sujeito, no conceito de linguagem, tendo a mídia como seu grande agente transformador, sem falar nas transformações religiosas, repletas de implicações éticas.*

Nessa perspectiva, o fenômeno da pós-modernidade tem sido um movimento com significativas **transformações** em diversas esferas da sociedade, influenciando e alterando todas as dimensões da vida humana, que "vai do social às ciências, da filosofia à literatura e demais humanidades, das artes ao folclore, da linguagem à comunicação, das teologias às ciências da religião" (Queiroz, 2006, p. 4).

6.2 A religião na pós-modernidade

No aspecto religioso, a pós-modernidade levanta sérias questões sobre a prática religiosa na contemporaneidade. Ela se coloca diante de incontáveis desafios, questionamentos e situações que demandam uma resposta, seja por meio das instituições (igreja, família etc.), seja na própria coletividade dos sujeitos na vida em sociedade. Dessa forma, cabe a reflexão de alguns teóricos (Lyotard, 2004; Mendoza-Álvarez, 2011; Azevedo, 2015) que apontaram para alguns **valores pós-modernos** que têm, de certa forma, interferido nas práticas religiosas e na própria sociedade na atualidade. Vejamos quais são eles.

- **Relativismo** – Não existe uma verdade absoluta, tudo é relativo e nada é absoluto. Assim, não há uma verdade religiosa.
- **Pluralismo** – Já que não existe uma verdade absoluta, tudo passa a ser aceitável, tudo tem seu valor. A verdade é plural, e a religião, também.
- **Hedonismo** – É a busca insaciável pelo prazer. A religião passa a "vender" a felicidade e o prazer.
- **Humanismo** – Trata-se da divinização do ser humano, colocando-o no topo da escala de valores. Assim, a religião se volta para o homem.
- **Pragmatismo** – Fazer o que dá certo, e não o que é (em tese) certo. A religião age sob a ótica de que os fins justificam os meios.

Existem, sim, outros aspectos, mas esses nos servem como exemplos de como tais valores transferem a **normatização** de conceitos anteriormente defendidos pela religião para uma interpretação individualista desses mesmos valores, sob a ótica do próprio sujeito, com base em seus próprios interesses. Assim, "a verdade se torna aquilo que é vantajoso crer" (Azevedo, 2015, p. 127). Trata-se, portanto, um dos efeitos da secularização, como bem foi advertido por Berger (1985).

Já analisamos o tema *secularização* × *dessecularização* anteriormente; mas, em sintonia com Oliveira (2005) e outros pensadores, cabe ressaltar, mais uma vez, que, como foi possível perceber, a religião **não se evanesceu**, contrariando as "profecias" de alguns sociólogos que previam seu fim, seu desaparecimento ou seu declínio. Pelo contrário, "no mundo moderno, a religião está no centro, e talvez seja a força central que leva à mobilização das pessoas em sociedade" (Huntington, citado por Santana Filho, 2013, p. 17). Oliveira (2005, p. 11) diz que, "com o questionamento que a razão, a ciência e a tecnologia vêm sofrendo, em decorrência do caminho que elas têm levado o homem a percorrer, a religião ressurgiu enquanto um novo tipo de moral". Assim, mesmo que haja um despertar religioso, não há como negar que o efeito da secularização apresentou sérias **mudanças** na prática religiosa.

Segundo alguns teóricos (Lyotard, 2004; Mendoza-Álvarez, 2011; Azevedo, 2015), a pós-modernidade rompeu com as grandes metarranativas[1] – entre elas a religião tradicional, antes hegemônica. De fato, vivemos um período em que muitas pessoas estão decepcionadas com os modelos eclesiais contemporâneos, significativamente institucionalizados e com pouca relevância na vida cotidiana das pessoas. Na leitura dos pós-modernos, as metarranativas

---

[1] Compreendem-se por *metanarrativas* as histórias que procuram descrever e explicar alguns conceitos concebidos como absolutos e universais por meio de um único sistema. Podem fazer parte desse esquema a religião, a ciência, a arte, e outros aspectos que, de certa forma, contribuíram historicamente com a construção do conhecimento e formaram opiniões por meio de suas respectivas verdades.

(nesse caso, a religiões institucionalizadas) são **autoritárias, ultrapassadas** e, muitas vezes, **fascistas** (Azevedo, 2015).

Por outro lado, Martelli (1995) acrescenta que a secularização contribuiu com a **reorganização** da religião. Assim, o efeito da dessecularização (o retorno ao religioso), portanto, não se apresenta como um ressurgimento das velhas práticas religiosas – pelo contrário: representa uma **nova religiosidade**, um novo movimento, um novo momento, uma nova história ou, ainda, como diz Martelli (1995, p. 435), uma "redescoberta, seletiva e interpretativa, da religião institucional". Há, de fato:

- um retorno ao religioso (Mendoza-Álvarez, 2011);
- uma irrupção do sagrado (Azevedo, 2015);
- um despertar religioso (Martelli, 1995);
- um revigoramento das tradições religiosas (Huntington, citado por Santana Filho, 2013).

Tal ressurgimento religioso está caracterizado também pelo fenômeno atual que foi definido por Hervieu-Léger (1997) como os *novos movimentos religiosos* (NMR). Guerriero (2004), por sua vez, denomina tal movimento das novas religiões no Brasil de *terceiro lugar*, isto é, movimentos espiritualizados distantes das concepções religiosas tradicionais. Para Guerriero (2004, p. 160), tais movimentos, que se caracterizam pela tentativa de "afirmar a autonomia do sujeito", seriam

> Todos os grupos espirituais que são claramente novos em relação às correntes religiosas tradicionais da cultura abrangente e possuem um grau de organização característico de um grupo religioso formal. [...] Podemos incluir, também, os movimentos espiritualistas, que de alguma forma, rejeitam as religiões tradicionais. A Nova Era, os esoterismos, a magia e os misticismos em geral.

Nesse sentido, são movimentos e grupos que, distantes do tradicionalismo religioso, buscam sua espiritualidade e/ou religiosidade sem, necessariamente, estarem **vinculados** às religiões tradicionais existentes no mundo. Trata-se de uma prática religiosa mais **flexível**, mais comunitária, mais emocional e fraternal. Numa síntese entre a polarização *secularização* × *dessecularização* (atual *encantamento religioso*), Guerriero (2004, p. 167) destaca que "secularização e encantamento do mundo não são processos excludentes, mas, sim, características próprias do atual estágio de desenvolvimento da sociedade".

Giddens (2005) sugere três categorias que podem ser encontradas nos novos movimentos religiosos:

1. **Movimentos de afirmação do mundo**: Assemelham-se aos grupos de autoajuda ou terapia. Ex.: Movimentos espiritualizados da Nova Era. São movimentos independentes, normalmente sem ritual litúrgico, sem dogmas constituídos, que, em vez de "fugirem" do mundo, procuram estimular seus adeptos ao bem-estar físico e espiritual diante dos desafios cotidianos.

2. **Movimentos de negação do mundo**: Afastam-se do mundo externo e o criticam. Ex.: Movimento religioso denominado *Ramo Davidiano*, liderado por David Koresh (Waco, Texas, Estados Unidos). Em abril de 1993, esse grupo, influenciado por seu líder, envolveu-se numa luta com as autoridades federais dos EUA por causa de acusações que apontavam abuso infantil e armazenamento de armas. Cerca de 80 pessoas morreram, sendo que 25 eram crianças.

3. **Movimentos de acomodação no mundo**: Enfatizam a importância da vida religiosa interior sobre as preocupações terrenas. Ex.: Pentecostalismo. Nesse movimento, o que importa é a vida interior e as preocupações com a vida terrena devem ser

colocada em segundo plano. O crente pentecostal deve ouvir a *voz do Espírito Santo* e rejeitar as tendências do mundo presente.

O **crescimento das igrejas independentes** entre os protestantes, o **desenvolvimento dos movimentos carismáticos** e/ou renovados (no catolicismo e no protestantismo) e as práticas de **atividades espiritualizadas desraigadas** da instituição comprovam que esses movimentos configuram um **ressurgimento da espiritualidade** nesses tempos pós-modernos. Campos (2007, p. 117) destaca que "os novos movimentos religiosos no Brasil, de matriz pentecostal, devem ser levados em conta hoje em quaisquer análises do caso brasileiro contemporâneo".

Outro aspecto a ser considerado, e que foi constatado nos dois últimos censos demográficos que procuravam identificar a filiação religiosa entre os brasileiros, é a presença marcante de pessoas que **acreditam em Deus**, mas **não estão vinculadas a uma religião específica** ou, como bem definiu Novaes (2001, p. 193), são os "religiosos sem religião institucional". No censo de 2010, os dados apontaram que, quando se tratava de identificação religiosa, o grupo que mais cresceu foi o daqueles que se declararam "sem religião".

A prática de uma religião nominal já era bem presente na realidade católica brasileira. Porém, o que ficou caracterizado no último censo é que, entre os protestantes, surgiu um novo ator social: os **evangélicos nominais** – ou *desigrejados*, como afirmou Campos (2014) ao destacar que esses protestantes sem igreja, que "advogam um cristianismo totalmente despido de formas, estruturas e concretude institucional" (Campos, 2014, p. 27), já somam quatro milhões de pessoas no Brasil.

Tais fatos configuram e acentuam, assim, uma das características pós-modernas que mais interferem na religião, que é a **crise de pertença** a uma instituição religiosa tradicional. De fato, toda essa efervescência religiosa causa impacto na sociedade nos mais variados aspectos, e é por isso que a questão econômica no capitalismo atual e a globalização impactam significativamente no fenômeno religioso e na vida em sociedade.

6.3 A influência do capitalismo na religiosidade

Compreender e analisar o capitalismo à luz da sociologia da religião é de fundamental importância, afinal, com o advento do capitalismo, surgiu a necessidade de se analisar a sociedade por meio de uma nova teoria. Nesse sentido, a sociologia da religião, como ciência sociológica, emerge imbricada na discussão sobre a **função** da religião no seio de uma sociedade capitalista.

O capitalismo teve sua origem no continente europeu. Seu nascimento foi marcado por alguns fatos que começaram a surgir na Baixa Idade Média (entre os séculos XI e XV), por conta da mudança do centro da vida dos sistemas feudais para a cidade, que interferiu nos aspectos sociais, econômicos, políticos etc. No entanto, foi numa segunda fase, por meio da **Revolução Industrial** (que ocorreu no século XVIII), que o capitalismo se desenvolveu com maior relevância, proporcionando muita riqueza para uns ao mesmo tempo em que deixou outros muitos na pobreza. Segundo Dias (2012, p. 22):

> Com o capitalismo, surgiu uma nova forma de desenvolvimento econômico dos povos. O capitalismo é uma nova forma de o homem se organizar como ser produtivo. Sua lógica interna subverte a relação com as riquezas. Essas transformações econômicas foram acompanhadas por outras no campo político e religioso.

Indubitavelmente, o capitalismo impactou o modo de vida da sociedade. Por isso, tanto numa perspectiva histórica quanto na atualidade, é importante entender o que mudou na religião com a mudança econômico-social que foi vivenciada pela sociedade capitalista. Em outras palavras, é preciso analisar o que mudou na sociedade quando a religião passou a agir sob a lógica capitalista. Enquanto nos tempos do feudalismo a religião tinha um papel preponderante, com o advento do capitalismo (e da modernidade), a religião **deixou de nortear** a vida e os valores da sociedade, passando a ter menor importância no cotidiano dos indivíduos. Aliás, foi nesse contexto que surgiram as previsões de alguns sociólogos de que a religião perderia sua relevância em tempos futuros.

Ainda numa perspectiva histórica, Dias (2012) ressalta que outro movimento contribuiu com as transformações que culminaram com a sociedade capitalista. Trata-se das **revoluções políticas** que ocorreram em diversos países da Europa e que, em alguns casos, tiveram forte influência de movimentos religiosos, como a Reforma Protestante, a Revolução Puritana e outros movimentos reformistas. Tais movimentos, fundamentados numa **revolução** de viés religioso, foram tão significativos que muitas das ideias (tanto no aspecto religioso quanto econômico e social) foram incorporadas às sociedades em que essas religiões se estabeleceram. A colonização da América por parte dos ingleses, por exemplo, foi amplamente marcada por influências protestantes, levando à "formulação de uma religiosidade civil que permeou o pensamento americano" (Dias, 2012, p. 30). E foi justamente nessa perspectiva que Weber escreveu uma de suas principais obras: *A ética protestante e o espírito do capitalismo* (1983).

Vale lembrar, porém, que, em outros países (como a França), o movimento revolucionário se deu numa ação **antirreligiosa** e **anticlerical**. Para muitos, a religião era (senão a causa) um elemento significativo de **exploração** das pessoas mais pobres e trabalhadoras. Foi sob esse ponto de vista que a religião se tornou alvo de críticas por parte de alguns teóricos, bem como de alguns movimentos – por exemplo, a Revolução Francesa, a Revolução Socialista Russa e o Iluminismo –, abrindo o caminho para a secularização e o conflito entre Igreja e Estado, entre religião e desenvolvimento científico/industrial.

Com o advento da modernidade e da pós-modernidade, o capitalismo se tornou ainda mais forte, impactando significativamente a sociedade. Hoje em dia, o capitalismo vive sua terceira fase, que teve início no século XX, após a Segunda Guerra Mundial, e se fundamenta no viés **monopolista-financeiro**, em que há **concentração de capital** e **domínio de mercado** por parte de grandes empresas, bancos, indústrias e países. Por outro lado, vemos uma acentuação da miséria e da pobreza nas nações mais frágeis no aspecto econômico. Há uma significativa diferença entre aqueles que dominam o capital em detrimento daqueles que são por ele dominados.

Outra característica predominante desse novo modo de vida capitalista é o **consumismo exacerbado**. Segundo Azevedo (2015, p. 116), nessa lógica, "descobre-se que o ser humano está destinado ao consumismo". Ele acrescenta, ainda, que "Tal sistema transforma tudo em mercadoria, o saber, as experiências, objetos etc., conduzindo, assim, as pessoas ao consumismo, fruto das necessidades criadas, antes não existentes" (Azevedo, 2015, p. 115).

Tudo vira alvo de consumo e o indivíduo é o objeto principal dessa lógica: ele se torna, concomitantemente, a **mercadoria** (objeto de consumo) e o próprio **consumidor**. Na mesma lógica, a religião se torna algo a ser consumido: é um **bem**, um serviço a ser vendido. Assim, é o **mercado** que dirige a sociedade e a religião, produzindo seus consumidores num ciclo interminável. Como é possível constatar, tais práticas pertinentes a esse mundo capitalista não se resumem ao mercado. Pelo contrário: a religião continua envolvida e imersa nessa realidade. Segundo Dias (2012, p. 37-38):

> *As mudanças religiosas que ocorreram no mundo por causa do capitalismo propiciaram a formação de uma sociedade culturalmente diversificada, o que trouxe uma série de questões sobre a função da religião, sua relação com a sociedade e seu papel como um fenômeno que impede ou ajuda na mudança.*

De fato, a religião sofreu transformações significativas sob a influência de um mundo capitalista em que perdeu seu *status* hegemônico e, na busca de uma sobrevivência, entrou numa lógica **competitiva**. Essa competitividade se dá de forma tanto interna quanto externa, obrigando a religião a, por exemplo, competir com movimentos não religiosos, como "os movimentos operários difusos no secularismo das classes médias" ocorridos na França (Berger, 1985, p. 149). No âmbito interno, as religiões passaram a competir entre si, praticando, de fato, uma concorrência de quem pode oferecer os melhores "serviços", fazendo com que, como bem coloca Silveira (2009, p. 61), as igrejas cedessem ao "jogo do marketing capitalista e passassem a ofertar bens e serviços de forma simbólica aos fiéis".

Essa disputa se dá em âmbito **confessional** (entre igrejas cristãs, por exemplo), mas também entre as **diferentes religiões**. De acordo com Azevedo (2015), é a religião numa lógica de mercado, no mundo capitalista. Desse modo, já que a escolha do indivíduo passa a ser voluntária, a religião precisa ser comercializada. Dias (2012, p. 124) lembra que

A religião tem que ser "vendida" para uma clientela que não está obrigada a "comprar". Acontece então uma situação nova: a transformação das instituições religiosas em agências de mercado e das tradições religiosas em comodidades de consumo. A religião a partir de então será dominada pela lógica de consumo.

Silveira (2009, p. 62) também nesse sentido, afirma que "há cultos religiosos que operam explicitamente intercâmbios entre religião e *business*. [...] Usa-se marketing para a propagação de mensagens religiosas e conquista de fiéis". Tais apontamentos são perceptíveis na atualidade. Apesar de haver exceções, os programas de TV, rádio, entre outros, bem como algumas programações religiosas (*shows*, palestras e eventos), estão permeados por **estratégias de competição**, nas quais se busca dominar o mercado religioso sem, contudo, desvincular-se de um discurso fundamentado no aspecto **espiritual** (Queiroz, 2006). Silveira (2009) resume com propriedade a leitura realizada por alguns sociólogos sobre como as religiões participam do jogo capitalista na atualidade:

- há concorrência na busca de adeptos e/ou fiéis;
- há oferta de bens e serviços simbólicos (busca pelo sucesso e felicidade, por exemplo);
- estabelece-se a lógica de adeptos consumidores ou clientes religiosos.

Logo, tudo se volta para a construção de uma **identidade de afirmação econômica**. O sucesso econômico, tanto da instituição religiosa quanto do indivíduo, representa êxito espiritual e aprovação divina em escala global (Azevedo, 2015). Trata-se, portanto, da lógica de mercado tradicional com raízes bem entranhadas na religião e no capital, que superam o nível local e se dão em nível global.

6.4 A globalização e os efeitos sociorreligiosos

Uma das características mais evidentes de que o mundo vem sofrendo profundas transformações é a **globalização**. Foi ela que, como diz Pace (1999, p. 28), transformou "o mundo numa espécie de megacentro comercial", seja no aspecto econômico, seja no religioso e/ou no cultural. Esse fenômeno não é algo que está distante – pelo contrário, a globalização "não está restrita a sistemas globais. Seu impacto é sentido em nossas vidas pessoais" (Giddens, 2005, p. 79). Os modos de produção alcançaram proporções globais; a economia extrapolou os locais isolados e passou a depender de transações internacionais entre os diversos países e blocos econômicos; a cultura se espalhou, deixando de ser regional para influenciar o mundo de forma geral. Como fruto do relativismo e do pluralismo – característicos da pós-modernidade –, a globalização está presente em todo o mundo contemporâneo, transformando todas as dimensões sociais.

Giddens (2005, p. 79) argumenta que a globalização é "produzida pela conjunção de fatores políticos, econômicos, culturais e sociais", ou seja, fica evidente a **diversidade** que esse fenômeno contempla – afinal, são muitos temas que englobam vários assuntos (política, economia, desigualdade social etc.). Nosso interesse, contudo, é estudar a relação entre globalização e religião, uma vez que não restam dúvidas de que a religião sofreu transformações significativas nessa trama de relações. Nesse sentido, a relação intrínseca entre religião e globalização se dá pelo seguinte fato:

> *[A] Globalização é um processo de decomposição e recomposição de identidade individual e coletiva que fragiliza os limites simbólicos dos sistemas de crença e de pertencimento. A consequência é o aparecimento*

de uma dupla tendência: ou a abertura à mestiçagem cultural ou o refúgio em universos simbólicos que permitem continuar imaginando unida, coerente e compacta uma realidade social profundamente diferenciada e fragmentada. (Pace, 1999, p. 32)

A globalização afetou a religião no sentido de obrigá-la a deixar de ser uma **expressão isolada**, própria de uma nação, cultura e/ou sociedade, passando a ser uma manifestação do mundo, de todos. É por isso que, em tempos de globalização e de desencanto com o mundo, o indivíduo busca, cada vez mais, novas religiosidades, distantes de suas realidades. Nesse sentido, comenta Azevedo (2015, p. 114): "A pós-modernidade exerce uma espécie de compreensão sobre a dimensão de tempo e de espaço, resultando na força de um capitalismo cada vez mais globalizado, sem raízes geográficas".

Um exemplo bem prático se confirma no fato de que as religiões orientais se ocidentalizaram, conquistando muitos adeptos no Brasil e em outros países. Por outro lado, o mercado ocidental também influenciou significativamente o Oriente, afetando diretamente o consumo numa região antes fechada às influências ocidentais. São os efeitos da globalização transformando a realidade social e a realidade religiosa.

Para Dias (2012, p. 100), "uma das características da globalização é a diversidade e a diversificação". Diante do desencantamento com as religiões tradicionais em suas próprias realidades, as pessoas estão mais abertas a conhecer o outro, o diferente, mesmo que tais práticas sejam de outra cultura, outro país, outra realidade. Na globalização, a religião perde sua identidade e seu enraizamento cultural. Na ótica do pragmatismo e do pluralismo, a mudança de religião se torna adequada quando atende a **interesses individuais**, o que, porém, se fundamenta nas "ofertas" religiosas que a cultura plural nos apresenta. Ortiz (2001) indica as principais transformações ocorridas na sociedade e que afetam a religião em meio à globalização:

- O mundo se expandiu e se encolheu ao mesmo tempo. O local se tornou global e o global se tornou local.
- A divisão clássica entre religiões universais e particulares (locais) não se enquadra no contexto globalizado.
- A mundialização da cultura transformou as noções do que é internacional, nacional e local.
- Há um crescimento da diversidade religiosa.
- Há uma preocupação com temas, em nível mundial, que passam a permear o debate em todas as religiões, como a paz mundial e a preservação do meio ambiente.

Ortiz (2001) cita como exemplo dessa complexa transformação religiosa provocada pela globalização o fato de encontrarmos praticantes do candomblé nas principais cidades do mundo. Por outro lado, percebemos que o islamismo cresce significativamente em outras regiões distantes de seus redutos tradicionais. Um exemplo de tal fato é a presença significativa de adeptos da religião islâmica no Brasil, que a cada dia cresce e conquista, inclusive, fiéis brasileiros sem nenhum vínculo cultural com o povo árabe.

Dias (2012) destaca, por fim, o fato de que, com a globalização, algumas religiões fortemente marcadas por uma cultura nacional, como o hinduísmo e o budismo, alcançaram outras regiões e, por conseguinte, tiveram de se adaptar a outras realidades. Para ele, "tudo se tornou local no sentido de que não há mais religiosidades típicas de uma nacionalidade" (Dias, 2012, p. 104).

6.5 A religião em tempos de pluralismo cultural e religioso

Numa realidade tão diversa, o termo *pluralismo* tem significativa importância. As pessoas e as sociedades são diferentes, e essas diferenças contemplam valores, crenças, modos de vida etc. O mundo é, de fato, **plural**. Dessa forma, a religião é desafiada a apresentar suas especificidades doutrinárias em meio a uma pluralidade cultural religiosa. Nesses tempos pós-modernos, Teixeira (2003, p. 234) indica que o processo do pluralismo religioso atual tem direta relação com a "ruptura do monopólio religioso e a instauração de uma situação de competição entre definições distintas da realidade".

Para Mendoza-Álvarez (2013), o contexto pós-moderno (ou pós-hegemônico) exige uma **conversão** significativa, e não há como se viver de totalitarismos dominantes (monopólios), muito menos no campo religioso. O autor propõe que se compreenda o que é *característico universal*, isto é, o que é comum em todas as religiões do mundo, já que se trata de uma tarefa comum a todos os seres humanos.

Guerriero (2004, p. 166) destaca que tal ação se configura na "busca de uma convergência entre todas as religiões, de uma paz mundial, de uma consciência planetária". Küng (1999, p. 167), nessa mesma perspectiva, destaca que "não haverá paz entre as civilizações sem uma paz entre as religiões! E não haverá paz entre as religiões sem um diálogo às religiões!". É, portanto, um desafio viver a *cidadania universal,* isto é, a luta comum em um mundo globalizado em que se busca o **reconhecimento universal dos direitos humanos.** Para Pace (1999, p. 33), trata-se de "apresentar a mensagem em termos éticos". Portanto, o respeito aos direitos humanos é "um ponto de partida da questão da pluralidade" (Dias, 2012, p. 111). Considerando que há "uma diversidade horizontal, desenhada pela coexistência de coletividades diversas" (Segato, 1999, p. 225), nada impede que cada religião enfatize suas **especificidades**. Nesse sentido, completa Suess (2007, p. 171, grifo nosso):

> *O diálogo que visa a [sic]* **compreensão** *de conteúdos e o [sic] diálogo que se contenta com o* **respeito** *da alteridade exigem condições que os interlocutores reconhecem. Nesse diálogo, ninguém é obrigado a renunciar à própria experiência e tradição. O diálogo acontece num âmbito de autoestima, de tolerância e aprendizado.*

No cristianismo, por exemplo, Mendoza-Álvarez (2013) comenta ser necessário apontar o que os cristãos, por meio de Jesus de Nazaré, podem considerar como testemunho de fé no mundo atual. O exemplo de Jesus se torna, assim, um paradigma de completude de uma missão por meio do serviço ao mundo e aos necessitados. Nesse sentido, ele destaca que, após a queda das grandes utopias do ocidente (no fim do século XX), surgiram dois caminhos possíveis a seguir:

- continuar vivendo a **enganação/ilusão** das metanarrativas de poder e dominação que culminaram na situação atual;
- seguir em direção às micronarrativas dos **sujeitos vulneráveis/fracos**, pelos quais ocorre uma nova caminhada no sentido de buscar um mundo diferente, uma **mudança do mundo**.

A força desse movimento plural, por meio da prestação de serviços aos indivíduos que se encontram em situação de vulnerabilidade social, vem provocando mudanças significativas na sociedade, invertendo a lógica do mercado global mediante um "poder que vem de baixo" (Mendoza-Álvarez, 2013, p. 133). Para ele, aliás, esse é o caminho, isto é, o ideal é que "cada comunidade ou pessoa possa sempre aprender a falar desde seu próprio *lócus* epistêmico, social, fenomenológico e teológico" (Mendoza-Álvarez, 2013, p. 133). É uma fala que resgata a micro-história em detrimento das metanarrativas dominantes; que se valoriza e, assim, valoriza o outro; que se concretiza na relação com outro; uma história que se reconstrói com o outro.

Nesse contexto, os movimentos religiosos, respeitando seus limites doutrinários, podem agir de forma **conjunta**, resistindo à dominação, reivindicando direitos sociais e culturais, promovendo protestos e lutando por emancipação segundo a necessidade de cada comunidade. Trata-se, portanto, do fortalecimento de uma luta que **resgata e dá valor** aos pobres, aos índios, às mulheres, aos negros, aos migrantes etc., em sintonia com os valores comuns inerentes a cada religião, escrevendo uma nova história na esperança de um mundo diferente. Mendoza-Álvarez (2013) destaca, nesse sentido, que a **vulnerabilidade** se tornou o principal *lócus* teológico na sociedade atual.

A religião, quando escuta os vulneráveis, não está a serviço da lógica do sistema ou da dominação; pelo contrário, está servindo sua geração de forma humana, solidária, significativa e relevante. Ela contribui para o reverso da história, para a propagação das micro-histórias, fazendo com que cada ser humano seja um ser em relação com o outro, construindo, assim, uma sociedade de **tolerância** e **inclusão**. Essa é uma decisão que urge para que, assim, seja possível avançar no diálogo num contexto religioso plural como espaço de revelação divina.

Mendonza-Álvarez (2013) utiliza o conceito da *polissemia da linguagem* cunhada por Ludwig Wittgenstein, que significa buscar uma **perspectiva mais ampla**, mais plural, para a compreensão de linguagens com diferentes sentidos. Assim, a experiência religiosa abriria o caminho "dos infinitos sentidos possíveis" (Mendonza--Álvarez, 2013, p. 148). Dessa forma, diante da diversidade de linguagens, conceitos, entre outros aspectos, a religiosidade assume como desafio "pensar sobre Deus e comunicá-lo em cada uma destas [polissêmicas] expressões de linguagem" (Mendonza-Álvarez, 2013, p. 148).

A história confirma que a humanidade passa por **constantes mudanças**. Reconhecer tal fato é um longo passo em direção ao pluralismo. Conceitos antes firmados como verdades – seja no campo científico, seja no campo religioso –, sofrem **quebras de paradigmas**[2]. A história é cíclica, ela avança; e o mesmo acontece com o conhecimento, com a linguagem etc. Portanto, reconhecer que não se sabe tudo e não se é dono da verdade[3] se faz necessário nesse contexto plural, em que há o "reconhecimento da não homogeneidade étnica e religiosa das sociedades modernas" (Dias, 2012, p. 109). Portanto, assim como a ciência tem suas questões a resolver, a religião precisa **rever muitos de seus conceitos** baseados num fundamentalismo do pensamento hegemônico.

Esse é um caminho possível para vencer a intolerância religiosa, bem como o fundamentalismo[4] predominante na atualidade e o preconceito tão recorrente por questões religiosas em nossa sociedade. Giddens (2005) destaca que o fundamentalismo é fruto de **leituras**

....
2   Não estamos falando no aspecto teológico cristão da revelação (ou de qualquer outra religião). Acreditamos, aliás, que os dogmas de cada religião devem ser mantidos e respeitados. A análise na busca de um pluralismo que respeite os limites e as crenças de cada religião é sociológica, sem deixar, no entanto, de contribuir com o mundo mediante interesses em comum.
3   Não se trata da concepção da verdade como revelação, mas como prática social em meio à diversidade.
4   *Fundamentalismo* no sentido de ações violentas em nome de uma religião, e não em relação aos dogmas que fundamentam uma religião.

literalistas de textos sagrados, atreladas a **equívocos** na interpretação desses mesmos textos. Assim, a intolerância religiosa que está ligada a essas posições fundamentalistas em qualquer religião se torna um problema mundial, provocando guerras e preconceitos. Nesse sentido, Dias (2012, p. 113-114) destaca: "Essa questão a respeito da pluralidade trouxe à tona o problema da tolerância na sociedade moderna como também do diálogo entre as religiões como um desafio à convivência em uma sociedade globalizada".

Como podemos perceber, o que se busca é a **compreensão** e o **respeito mútuo**; um mundo onde se reconhece a pluralidade de interpretações, sem querer que uma predomine sobre a outra. De fato, a religião tem uma árdua lição de casa para fazer! Na esfera pública, os argumentos religiosos não devem estar voltados para um dogma irredutível. Pelo contrário, as religiões devem se pautar em dialogar umas com as outras, "não tanto sobre assuntos estritamente teológicos, mas sobre problemas da espécie humana" (Pace, 1999, p. 38). O caminho se inicia com o reconhecimento que há, de fato, diversas identidades, histórias, contextos, conceitos, entre tantos outros no mundo em que vivemos. Trata-se da **multiculturalidade**, isto é, de uma política de reconhecimento ao diferente e à pluralidade (Dias, 2012).

6.6 A religião no espaço público e o Estado laico numa sociedade religiosa

Estado laico é um termo/conceito que tem ganhado destaque, especialmente na sociedade brasileira. Como bem afirma Carvalho (2014, p. 105), "a religião está cada vez mais presente na esfera pública, de modo que o debate a respeito das relações entre grupos religiosos e estados democráticos está na pauta das discussões acadêmicas". Sobre isso Silva Junior (2014b, p. 1) acrescenta:

> O tema da religião no espaço público tem ganhado espaço nas reflexões acadêmicas e provocado numerosas discussões nas diversas esferas sociais. Enquanto alguns entendem a laicidade – uma das vertentes do tema – como o rechaço do religioso deste espaço, outros a relacionam com a garantia estatal da liberdade de crença e sua manifestação.

Assim, o debate que nasceu com o envolvimento entre a religião e o espaço público é crescente e evidente. Segundo Burity (2001, p. 33),

> Igrejas ou organizações representativas vão a público, mantêm interlocução com as autoridades civis e políticas, publicam manifestos, apoiam abertamente candidatos a cargos eletivos, organizam manifestações de rua. O Poder Executivo conclama organismos religiosos a atuarem diretamente, de forma subsidiária ou substitutiva, na implementação de programas sociais em áreas como educação, saúde, violência ou geração de emprego e renda (em moldes que vão das parcerias às políticas de desinvestimento estatal na área social, que transfere a organismos privados a oferta e gestão de serviços de interesse público).

É por isso que, diante da complexidade do assunto e discorrendo sobre as fronteiras entre espaço público e religião, Burity (2001, p. 28, grifo do original) diz que "tudo aponta para uma configuração do religioso que opera segundo uma lógica de **deslocamento de fronteiras e ressignificação ou redescrição de práticas**". Realmente, é um assunto que tem dividido a sociedade entre aqueles que entendem que é importante que a religião interfira (de forma direta ou indireta) na relação entre o estado e a sociedade e aqueles que entendem totalmente o contrário. Nesse sentido, a Constituição Federal Brasileira, em seu art. 18, inciso I, destaca:

> *É vedado à União, aos Estados, ao Distrito Federal e aos Municípios: estabelecer cultos religiosos ou igrejas, subvencioná-los, embaraçar-lhes o funcionamento ou manter com eles ou seus representantes relações de dependência ou aliança, ressalvada na forma da lei a colaboração de interesse público.* (Brasil, 1988)

De fato, como é possível perceber em nossa Carta Magna, trata-se da **distinção** entre a esfera pública e a esfera religiosa, apontando que deve haver uma separação (utópica, quem sabe?) entre Estado e qualquer religião. Entretanto,

> *A separação entre Igreja e Estado, fundamental para assegurar o caráter* **político** *do pluralismo, não requer que a religião seja relegada à esfera privada e que os símbolos religiosos devam ser excluídos da esfera pública. Como argumentou recentemente Michael Walzer, o que está realmente em questão na separação entre igreja e estado é a separação entre religião e* **poder estatal**. *E Mouffe arremata, "na medida em que atuem nos limites constitucionais, não há nenhuma razão por que os grupos religiosos não devam poder intervir na arena política para debaterem a favor de ou contra certas causas". E ainda: "certamente, em países onde a religião é central na constituição das identidades pessoais, seria antidemocrático proibir certas questões que são importantes para os crentes de entrarem na agenda democrática".* (Burity, 2001, p. 37, grifo nosso)

Nesse sentido, Gerone (2008, p. 70-71) contribui ao afirmar que

> *Essa laicidade não evitou, por exemplo, que no preâmbulo da Carta ficasse registrado que a constituição foi promulgada sob a proteção de Deus. A explicação para esse fato vai longe, passando pela ideia de que*

a maioria esmagadora da população confessa uma religião onde sempre existe a figura genérica de um "deus". Além disso, a população de maioria cristã, e os judeus, [sic] confessam crer em Deus como soberano, o qual está acima das questões e autoridades temporais, cabendo a ele reger nosso destino, inclusive aquele previsto na Lei Maior. Ressalte-se que a Constituição não menciona sob a proteção de Jesus Cristo, que também é Deus no conceito cristão, ou sob a proteção de Alá, o deus do islã. Também não menciona Jeová, o Deus dos Judeus. Assim, como se apresenta o preâmbulo, é adoção ecumênica em não excluir o elemento divino da maior lei do País.

Ainda sob a ótica da Constituição Federal, Silva Junior (2014b, p. 4) acrescenta:

No mesmo passo, o texto normativo máximo, para além de citar "Deus" em seu preâmbulo, assegura a liberdade de consciência e crença, com livre exercício do culto e proteção dos seus locais (art. 5º, VI), a assistência religiosa em instituições civis e militares de internação coletiva (art. 5º, VII), a escusa de consciência (art. 5º, VIII c/c art. 143, § 1º), o ensino religioso, de matrícula facultativa, nas escolas públicas de ensino fundamental (art. 210, §1º), o efeito civil do casamento religioso (art. 226, § 2º) e a imunidade tributária aos templos de qualquer culto (art. 150, VI, b). Assim, e dado que há "muitas possibilidades de a religião ser pública" (GIUMBELLI, 2012, p. 47).

De fato, o Estado é laico, mas a sociedade é formada por indivíduos extremamente religiosos. Aliás, também é necessário levar em conta que a base do pensamento filosófico ocidental foi construída mediante pressupostos da religião cristã, que é, como reforça Martelli (1995, p. 440), "a matriz do pensamento ocidental". Não há como não reconhecer essa questão, por exemplo, na sociedade brasileira. A "difusão de capelas, ainda que ecumênicas, instaladas em prédios e repartições públicas" (Silva Junior, 2014b, p. 1); os nomes de muitas cidades, estados, praças, ruas; os termos e ditados populares; os valores, as crenças e o modo de vida do brasileiro estão ancorados em termos, expressões e credos religiosos. Nesse sentido, "A ideia de que o espaço público deve estar totalmente destituído de conotações religiosas (a 'praça pública desnuda', evocada por Neuhaus), como pré-requisito para a igualdade e liberdade de seus cidadãos, parece mais frágil hoje do que há alguns anos atrás" (Ferrari, citado por Burity, 2001, p. 30).

Por isso, cabe advertir que o Estado laico não representa ódio à religião; pelo contrário, significa que **não há uma religião mais privilegiada** do que outra. Desse modo, todas as religiões devem ser percebidas de forma semelhante pelo Poder Público, sem distinções, sem preterimentos. Pierucci (2006, p. 5), nesse sentido, afirma que o Estado é laico "ao não tomar partido por uma religião e afastando-se por igual de todas elas". Há, portanto, **neutralidade** e **isenção**, e não pode haver imposição de uma crença sobre a outra.

O Estado laico privilegia a **liberdade** de não crer, de acreditar no que quiser e de mudar de crença, se assim o indivíduo bem entender. Sua função é importante porque potencializa e pacifica a convivência na realidade pluralmente religiosa em que vivemos. Carvalho (2014, p. 106), numa releitura de Habermas, afirma que "vivemos em uma sociedade pós-secular onde as religiões devem ser não apenas aceitas, mas também reconhecidas como instituições que exerçam funções positivas na sociedade". O Brasil é um **Estado secular tolerante** – não é um Estado religioso, mas também não é um Estado ateu. Essa separação é um pressuposto fundamental para a liberdade religiosa na sociedade.

De fato, *laicidade* "não significa obrigatoriamente uma separação absolutamente estanque entre Igrejas-Estado" (Willaime,

2005, p. 9); ela exclui a religião da influência doutrinária nas políticas públicas, mas não exclui o cidadão religioso. Afinal, como bem afirma Mariz (2011, p. 270), "a total separação entre a vida pública e a privada é mais um projeto político, que se defende, do que uma realidade que se vive".

A linha é, de fato, tênue. Segundo Burity (2001, p. 28), "o aprofundamento da experiência religiosa como algo pessoal, individual, íntimo se dá ao par com uma desprivatização ou publicização do religioso" – afinal, o indivíduo, como o ser social que é, que pensa e que tem seus valores, suas crenças e seu modo de ver e viver, tem o **direito de se expressar**, inclusive pautado em seus valores religiosos. Por isso, deve-se tomar cuidado para que o Estado não se torne **laicista**, isto é, que chegue a odiar e/ou repudiar qualquer tipo de manifestação religiosa que venha ocorrer. Manifestações dessa natureza apresentam pessoas e entidades que, "sob o argumento da laicidade, mas encobrindo o laicismo, querem **calar a boca** dos religiosos em nosso Estado Democrático de Direito" (Silva Junior, 2014a, p. 135, grifo do original). O laicismo, nesse sentido, é uma ideologia que desconstrói a neutralidade, gerando um **ranço antirreligioso**.

Martelli (1995, p. 452) destaca que, na atualidade, a "interdependência entre privado e público parece permear todos os âmbitos da vida". Assim, a religião ocorre no espaço público porque ela é praticada pela sociedade e dela é fruto. Nesse mesmo sentido, Burity (2001, p. 29-30) contribui ao afirmar:

> Não se trata de discutir se há ou deve haver um vínculo entre religião e política. Simplesmente, ele está historicamente construído e se expressa seja na massiva imbricação entre religião e cultura, da antiguidade à idade média, englobando com o manto da religião a linguagem da vida cotidiana e das instituições garantidoras da ordem social [...] – o estado,

a família/tribo/etnia –; seja na ordenação teológica-política do estado absolutista; seja nas disputas, sob a égide do iluminismo e do liberalismo, pela fixação das fronteiras entre os dois domínios. [...] O vínculo entre religião e política nunca se rompeu, mas foi construído de diferentes maneiras, sem obedecer a uma lógica linear ou ao ditame de leis irresistíveis do desenvolvimento histórico.

A questão é que tal relação deve se dar de forma **equilibrada** e **correta**. Aliás, cabe às religiões "conquistarem a possibilidade de estarem presentes e de se fazerem ouvir" no espaço público (Montero, 2012, p. 175). A religião não deve interferir no Estado com seus vieses dogmáticos, e o Estado, por sua vez, não deve impedir que a religião desenvolva sua fé mediante os valores e as crenças que a norteiam. Ambos têm a sua função na sociedade e, como tal, devem contribuir com a vida e a dignidade humana. No aspecto cristão, vale ressaltar uma síntese bem equilibrada proposta por Carvalho (2014, p. 116) sobre a relação entre religião e espaço público:

> *A teologia nessa esfera deve ser traduzida para uma linguagem universal e acessível, ou seja, ela deve ser de fato pública. A dogmática, a confessionalidade devem ser vivenciadas na comunidade de fé e nos demais espaços de culto. Quando falamos numa linguagem religiosa articulada numa linguagem universal e acessível, queremos dizer que dimensões da narrativa bíblica como justiça, equidade, combate a corrupção, altruísmo, amparo aos mais fracos e uma sociedade mais igualitária devem constituir os discursos e práticas da igreja no espaço público.*

Esse é um desafio significativo e de grande importância para a sociedade brasileira, afinal, não há quem possa negar que, quando a religião se engaja em atividades sociais, ela consegue significativo êxito em seu trabalho, transformando pessoas e a sociedade de forma geral. E é sob essa perspectiva que entendemos que a religião, sob um viés sociológico, deve ser exercida nos tempos atuais. Mais do que qualquer disputa dogmática ou teológica, a religião pode contribuir significativamente com a realidade social em que vivemos por meio de seus valores, que, afinal, são universais e instigam que as pessoas saibam conviver com as diferenças e estejam pautadas no respeito ao próximo e na valorização da vida e da dignidade humana.

Texto complementar

Trânsito religioso no Brasil e reflexões sobre os dados do Censo 2010

O objetivo do artigo *Trânsito religioso no Brasil* é estudar o fenômeno de fluxo e interação religiosa em um "macroprocesso de contínua síntese e diferenciação" (Almeida; Monteiro, 2001, p. 2).

Desse modo, pretende-se analisar a circulação de pessoas entre as religiões, assim como as metamorfoses das práticas e crenças religiosas. A ideia, então, é traçar uma configuração atual das principais crenças religiosas no Brasil.

Evidencia-se, nesse contexto, a necessidade de estabelecer outros parâmetros que desafiam a interpretação científica e contrapõem especialistas e adeptos. Fica claro aos autores, por exemplo, que o conceito weberiano de *conversão* não se adapta mais à nova realidade e que a teoria que faz alusão à ideia de *mercado* é mais coerente quando se percebe o aumento das alternativas religiosas e sua constante circulação de fiéis que buscam a realização imediata de suas necessidades. Essa teoria do *mercado religioso* denotaria, também, a ideia de **racionalização do sagrado** no mundo moderno. No entanto, esse conceito acaba por ocultar a ressignificação das crenças religiosas e o permanente processo de reinvenção que diminui as fronteiras entre as crenças.

Percebe-se, porém, que esse constante fluxo entre os diferentes códigos religiosos só é possível com a "existência de um substrato cognitivo e/ou cultural comum às religiões populares brasileiras" (Almeida; Monteiro, 2001, p. 2), que pode ser observada na ideia de um Deus que incorpora todas as variantes e na representação ambígua do mal.

Algumas características socioeconômicas vêm influenciando o trânsito religioso no Brasil, o que indica que as pessoas não mudam de religião aleatoriamente. Diante disso, existem três vértices da **mobilidade religiosa**, que são:

1. O **catolicismo**, que vem perdendo grande quantidade de fiéis e, por isso, é visto como **doador universal** tanto de pessoas quanto de todo o campo semântico religioso. Os grupos preferenciais para onde migram os "ex-católicos" são os pentecostais e os sem religião, tidos como receptores, sendo este último um receptor universal.
2. O grupo **sem religião**, que representa um repertório particular de crenças e práticas variadas, mas que não se identifica com nenhuma religião, caracterizando-se, assim, com um **estilo de vida** (neoexotérico). No entanto, existe uma fronteira pouco expressiva entre esse grupo e os que se dizem católicos não praticantes.

3. Os **pentecostais**, que têm como grupo privilegiado na busca por fiéis as religiões afro-brasileiras, por entenderem ser um modelo religioso que deve ser combatido, embora a maioria dos seus adeptos seja composta por ex-católicos.

Figura 6.1 – Padrão de migração entre religiões

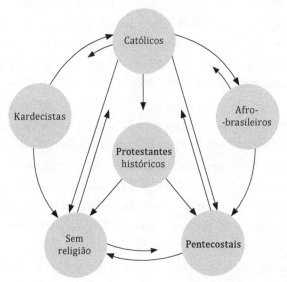

Fonte: Adaptado de Almeida; Monteiro, 2001.

Observa-se, também, que existem pessoas que se identificam, por **convenção social**, como sendo de determinada religião, mas que não a praticam periodicamente ou praticam atos de outras religiões. Um exemplo dado pelos autores são os kardecistas e praticantes de religiões afro-brasileiras que não deixam de se identificar como cristãos ou católicos. Esse também é o caso de católicos não praticantes, que apenas atuam em ritos de passagem tradicionais da sociedade brasileira, como batismo, casamento e velório.

Outro dado interessante analisado é que a maior parte dos ex-protestantes e dos ex-kardecistas se torna sem religião devido a conteúdos específicos dessas religiões que tendem à secularização. Em relação à frequência prestada aos serviços religiosos, os adeptos das religiões afro-brasileiras são os que se destacam por nunca faltarem ao compromisso de estarem presentes em seus atos ritualísticos, já que isso estaria intrinsecamente ligado ao pertencimento da religião. Já as religiões católica e pentecostal estariam mais ligadas à questão comportamental, e não ritualística.

Os autores também apresentam, por meio de dados quantitativos, que o pentecostalismo é a religião predominante nos estratos C e D, sendo 65,2% formado por fiéis com o ensino fundamental incompleto. É, portanto, a faixa em que baixa e média escolaridade e renda predominam. Em contrapartida, o espiritismo e as religiões afro-brasileiras são as que possuem o maior nível de escolaridade e variam entre os extratos B e C e B e D, respectivamente.

Quanto ao catolicismo, é necessário salientar que, devido à perda de boa parte de seus fiéis nos últimos anos, houve uma reação conhecida como **renovação carismática**, que é vista como um novo padrão de religiosidade e considerada uma interação do catolicismo com o pentecostalismo e o protestantismo histórico. Sua proposta visa à conquista de novos adeptos e à readesão e de ex-fiéis.

Outro exemplo de **interação religiosa** é o da Igreja Universal com as religiões afro-brasileiras, incorporando formas de apresentação e mecanismos típicos da umbanda e fazendo, também, uma associação dos deuses da umbanda e do candomblé com o diabo.

A Igreja Universal e a renovação carismática são produtos mais recentes no cenário religioso brasileiro e, por isso, exemplificam como é possível recuperar parte do processo de interação e transição entre os fiéis.

Contudo, para compreender melhor o processo de transição e interação religiosa no Brasil, é preciso aperfeiçoar a metodologia das pesquisas qualitativas, pois o processo atual está intrinsecamente ligado à trajetória de vida de cada indivíduo. Nesse contexto, podemos concluir que uma mesma pessoa pode passar por diversas religiões durante a sua vida e vir a ter uma **visão mais ampla** da religiosidade do que se tivesse uma única religião.

Os dados do Censo 2010 (IBGE, 2010) apontam esse intenso processo de **trânsito religioso** no Brasil, mostrando que, na sociedade brasileira, vivemos um campo plural religioso complexo.

Entre os dados importantes coletados pelo censo destacam-se o acelerado processo de perda de fiéis por parte da Igreja Católica, que passou de 73,6% do total de fiéis no país em 2000 para 64,6% em 2010, e a ascensão do movimento evangélico, que passou de 15,4% de adeptos no Brasil em 2000 para 22,2% em 2010 – um aumento de quase 16 milhões de pessoas. Isso significa que o movimento da renovação carismática iniciado pela Igreja Católica não surtiu o efeito esperado, enquanto o movimento evangélico continua crescendo exponencialmente e poderá ultrapassar a hegemonia católica do país. Embora isso seja apenas uma tendência e não uma previsão, já demonstra o dinamismo do campo religioso no país.

Outro dado importante a ser esclarecido é a própria movimentação de fiéis dentro das igrejas evangélicas. Dois bons exemplos são o crescimento da Assembleia de Deus em relação à Igreja Universal e o aumento das vertentes tradicionais e históricas do movimento evangélico (IBGE, 2010). Esse dinamismo dentro das próprias instituições evangélicas nos faz concluir que o movimento pentecostal no Brasil é uma construção processual, e não estática; o que facilita o trânsito de fiéis dentre suas igrejas.

Uma dificuldade notada nas pesquisas relacionadas à religião – em especial o censo – é a **imprecisão dos dados**, que se dá devido a diversos fatores dentro de toda essa complexidade. Entre eles destacam-se a dificuldade de nomear as religiões, já que essa preocupação da nomeação é, muitas vezes, mais importante para o pesquisador do que para os próprios religiosos, e as formulações metodológicas da pesquisa acabam por ignorar as particularidades das regiões que apresentam meios culturais diferentes.

Outro ponto a ser destacado é a diminuição do ritmo de crescimento do grupo dos sem religião. Um dos motivos para essa desaceleração é a tensão que existe entre o individualismo religioso e a institucionalização das religiões. Também é possível perceber, dentro desse grupo, uma diminuição no número de pessoas que se consideram ateus e agnósticos. Os dados do censo revelam, ainda, percentagens mais elevadas de pessoas do sexo masculino nos dados de cor, sexo, faixa etária e grau de instrução e o aumento no número total de espíritas e do conjunto pertencente às outras religiosidades.

Todo esse aumento do **dinamismo** no campo religioso brasileiro demonstra um esfacelamento dos laços tradicionais e uma maior **flexibilidade dos limites das fronteiras institucionais religiosas**, embora se admita uma tensão entre aqueles que têm uma relação de clientela em meio às ofertas crescentes do campo religioso brasileiro e aqueles que assumem uma identidade fixa nele.

Gráfico 6.1 – A série histórica das religiões segundo o IBGE (2010)

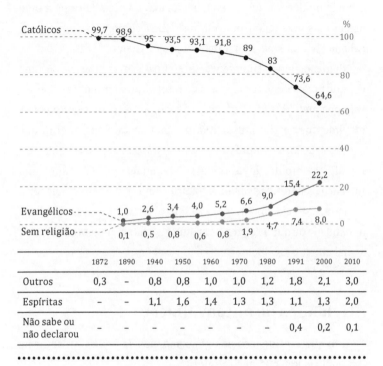

Fonte: Elaborado com base em Almeida; Monteiro, 2001.

Síntese

Neste último capítulo, analisamos a sociologia da religião a partir de suas perspectivas contemporâneas e seus desafios atuais, buscando compreender como a religião tem se relacionado com sociedade pós-moderna. Compreendemos que existem alguns valores pós-modernos que estão transformando a maneira pela qual as pessoas vivenciam sua religiosidades, como: relativismo, pluralismo, hedonismo, humanismo e pragmatismo. Evidenciamos a emergência do efeito da dessecularização, uma vez que vivenciamos uma época de retorno ao sagrado, ao religioso, seja por meio das instituições tradicionais, seja mediante novos movimentos religiosos espiritualizados. Constatamos, por fim, que a globalização, o capitalismo, o pluralismo cultural e religioso e o fortalecimento dos ideais de um Estado laico provocaram transformações significativas na maneira como as pessoas e a própria sociedade se relacionam com a religião. Porém, esse fato não altera a realidade de que a religião tem muito a contribuir com a realidade social em que vivemos.

Atividades de autoavaliação

1. Em que sentido a sociologia como ciência pode contribuir na análise do fenômeno religioso?
    a) Pode contribuir para o fortalecimento dos aspectos pós-modernos na sociedade.
    b) Pode contribuir para o surgimento de novas teorias religiosas que fortaleçam a fé das pessoas.
    c) Não pode contribuir muito, afinal, são campos diferentes de análise.
    d) Pode contribuir para a mudança social e o futuro da sociedade.

Sociologia da religião: introdução, história, perspectivas e desafios contemporâneos

2. Sobre a pós-modernidade, assinale verdadeiro (V) ou falso (F):

( ) As questões relacionadas à pós-modernidade ainda são fruto de muita discussão entre os teóricos.

( ) A pós-modernidade não alterou a religiosidade das pessoas, pois ela envolve áreas da vida que não apresentam enfoque religioso.

( ) A sociedade contemporânea ainda vive, única e exclusivamente, sob a ótica da modernidade; a pós-modernidade não alcançou nossa realidade.

( ) A pós-modernidade apresenta sérios desafios, questionamentos e situações que demandam uma resposta, seja por meio das instituições (igreja, família etc.), seja na própria coletividade dos sujeitos na vida em sociedade.

3. Para alguns teóricos, na pós-modernidade, a religião pode ser compreendida sob a lógica de mercado. Nessa perspectiva, assinale a afirmação **incorreta**:

a) A religião se baseia em seus dogmas e credos e não aceita qualquer interferência externa em suas práticas.

b) A competitividade exerce grande influência no modo pelo qual as religiões buscam novos adeptos.

c) As igrejas podem ceder ao jogo do *marketing* capitalista e passar a ofertar bens e serviços de forma simbólica aos fiéis.

d) Sob a ótica do consumo, o indivíduo é o objeto principal, tornando-se a mercadoria (objeto de consumo) e o próprio consumidor.

4. Com relação ao que significa o conceito de *dessecularização* defendido por alguns sociólogos contemporâneos, assinale verdadeiro (V) ou falso (F):
   ( ) Significa que as tradições religiosas tradicionais excluem novas possibilidades religiosas.
   ( ) Significa retorno ao religioso.
   ( ) Significa emergência de novos movimentos religiosos.
   ( ) Significa que nada se alterou na sociedade e que a religião mantém seu *status quo*.

5. Sobre o Estado laico, é correto afirmar:
   a) O Estado laico se fundamenta no fato de que a religião católica, por ter sido a religião oficial do Estado brasileiro por muitos anos, merece ter alguns privilégios que outras religiões não têm.
   b) O Estado laico se fundamenta no fato de que nenhuma religião deve se envolver em questões sociais e/ou políticas. O Estado deve ser contra qualquer ação religiosa em ambientes governamentais.
   c) O Estado laico se fundamenta no fato de que nenhuma religião deve ter proeminência em relação ao Estado. Não significa que o Estado é ateu, mas representa que todas as religiões são iguais no âmbito social.
   d) O Estado laico se fundamenta no fato de que a religião envolve somente aspectos de credo, fé e dogma. A religião não pode realizar parcerias com o Estado, pois esse não é seu objetivo.

Atividades de aprendizagem

Questões para reflexão

1. Faça uma breve síntese sobre o fenômeno religioso na sociedade pós-moderna e destaque os conceitos de *secularização* e *dessecularização*, a fim de entendê-los com base na realidade social vivenciada na atualidade.

2. O capitalismo alterou o modo de vida da sociedade. Na sua percepção, como esse sistema influencia as religiões? Indique algumas características dessa influência nos dias atuais.

3. Descreva como o efeito da globalização alterou a vida religiosa na região em que você vive.

4. Em tempos de pluralismo cultural e religioso, qual seria, na sua percepção, o maior desafio para as religiões?

5. Desenvolva uma breve comparação entre *laicidade* e *laicismo*. Posteriormente, faça suas considerações de como deve ser a relação entre o Estado e a religião, a fim de que esse envolvimento seja o mais coerente possível.

6. Após a leitura do texto complementar, que trata sobre o trânsito religioso no Brasil, procure identificar como está sua religião no atual campo religioso brasileiro – ela cresceu ou decresceu segundo os dados do censo realizado pelo IBGE em 2010? Em sua percepção, a que se devem tais resultados?

considerações finais

É sempre muito difícil encerrar um tema quando o assunto é pertinente e demanda reflexões constantes. Nossa obra termina aqui, mas os tópicos abordados, principalmente nos capítulos em que tratamos da sociologia da religião na contemporaneidade, merecem ser aprofundados e devem continuar sendo fonte de pesquisa de todos aqueles que querem realizar um trabalho (religioso ou não) que seja significativo e relevante em nossa sociedade.

Apresentamos, neste livro, a sociologia da religião pelos olhos dos teóricos clássicos e contemporâneos, que evidenciaram como é importante dedicar uma atenção especial ao fenômeno religioso. Não se trata de analisar a teologia no aspecto revelacional; pelo contrário, tal estudo teve por objetivo relacionar a religião à sociedade ou, ainda, o comportamento religioso à teoria sociológica, tudo mediante o empenho alinhado à **compreensão da sociedade**, forjando, dessa forma, a apreensão de um caráter científico.

Como vimos, as teorias são muitas e não há muito consenso entre elas. Percebemos também, tanto numa perspectiva histórica quanto contemporânea, que existem "discursos contrastantes com relação à religião e às crenças religiosas; alguns caminham pela via de exclusão, outros pela via de inclusão" (Queiroz, 2006, p. 7). Portanto, para nós, teólogos e religiosos contemporâneos, cabe analisar tais fatos e teorias a fim de perceber e apreender como nossas ações e religiões se situam na sociedade hodierna.

Sem dúvida, alguns dos questionamentos são bem pertinentes e levam à reflexão sobre como poderemos desenvolver nossa religiosidade sob a ótica do serviço e da contribuição na construção de um mundo mais justo, mais humano. Para tanto, a religião que, como vimos, está em significativo **ressurgimento**, não pode ser um instrumento de exploração; pelo contrário, deve ter como objetivo o estabelecimento de uma sociedade onde a **dignidade** da vida humana é um pressuposto básico em relação ao modo como vivemos ou expressamos nossa fé.

Que Deus nos ajude!

referências

ALMEIDA, R. de; MONTEIRO, P. Trânsito religioso no Brasil. **São Paulo em Perspectiva**, São Paulo, v. 15, n. 3, p. 92-100, jul./set. 2001. Disponível em: <http://www.scielo.br/scielo.php?script=sci_arttext&pid=S0102-88392001000300012&lng=en&nrm=iso>. Acesso em: 7 jul. 2017.

ALVES, R. A. A volta do sagrado: os caminhos da sociologia da religião no Brasil. **Religião e Sociedade**, Rio de Janeiro, n. 3, p. 109-141, 1978.

AZEVEDO, M. **Modernidade e pós-modernidade**: desafios à vida e à fé cristã. São Paulo: Fonte Editorial, 2015.

AZEVEDO, T. **A religião civil brasileira**: um instrumento político. Petrópolis: Vozes, 1981.

BASTIDE, R. **As religiões africanas no Brasil**. Tradução de Maria Eloisa Capellato e Olívia Krähenbühl. São Paulo: Pioneira, 1971.

_____. **O sagrado selvagem e outros ensaios**. São Paulo: Companhia das Letras, 2006.

BERGER, P. L. A dessecularização do mundo: uma visão global. **Religião e Sociedade**, Rio de Janeiro, v. 21, n. 1, p. 9-24, 2000. Disponível em: <http://www.uel.br/laboratorios/religiosidade/pages/arquivos/dessecularizacaoLERR.pdf>. Acesso em: 5 jun. 2017.

____. **O dossel sagrado**: elementos para uma teoria sociológica da religião. São Paulo: Paulus, 1985.

____. **Rumor de anjos**: a sociedade moderna e a redescoberta do sobrenatural. 2. ed. Petrópolis: Vozes, 1997.

____. **The Heretical Imperative**: Contemporary Possibilities of Religious Affirmation. New York: Doubleday, 1979.

BERGER, P. L.; LUCKMAN, T. **A construção social da realidade**: tratado de sociologia do conhecimento. Tradução de Floriano de Souza Fernandes. Petrópolis: Vozes, 1973.

BLUMER, H. **El interaccionismo simbólico**: perspectiva y método. Barcelona: Editorial Hora, 1982.

BOURDIEU, P. **A economia das trocas simbólicas**. 6. ed. São Paulo: Perspectiva, 2007. (Coleção Estudos, v. 20).

____. **Coisas ditas**. São Paulo: Brasiliense, 2004a.

____. **O poder simbólico**. 7. ed. Rio de Janeiro: Bertrand Brasil, 2004b.

BRANDÃO, C. R. **Memória do sagrado**: estudos de religião e ritual. São Paulo: Paulinas, 1985.

____. **Os deuses do povo**: um estudo sobre religião popular. 2. ed. São Paulo: Brasiliense, 1986.

BRASIL. Constituição (1988). **Diário Oficial da União**, Brasília, DF, 5 out. 1988. Disponível em: <http://www.planalto.gov.br/ccivil_03/constituicao/constituicao.htm>. Acesso em: 5 jun. 2017.

BUCKLAND, A. R. **Dicionário bíblico universal**. 8. ed. Flórida: Vida, 1994.

BURITY, J. A. Religião e política na fronteira: desinstitucionalização e deslocamento numa relação historicamente polêmica. **Rever – Revista de Estudos da Religião**, São Paulo, n. 4, p. 27-45, 2001. Disponível em: <http://www.pucsp.br/rever/rv4_2001/p_burity.pdf>. Acesso em: 5 jun. 2017.

CALDEIRA, R. C. O peregrino e o convertido: a religião em movimento. **Horizonte**, Belo Horizonte, v. 8, n. 16, p. 177-181, jan./mar. 2010. Resenha. Disponível em: <http://periodicos.pucminas.br/index.php/horizonte/article/download/1482/2258>. Acesso em: 5 jun. 2017.

CAMARGO, C. P. F. de. (Org.). **Católicos, protestantes, espíritas**. Petrópolis: Vozes, 1973.

CAMILO, R. A. L. A teologia da libertação no Brasil: das formulações iniciais de sua doutrina aos novos desafios da atualidade. In: SEMINÁRIO DE PESQUISA DA FACULDADE DE CIÊNCIAS SOCIAIS, 2., Goiânia, 2011. **Anais**... Goiânia: UFG, 2011. Disponível em: <https://anais.cienciassociais.ufg.br/up/253/o/Rodrigo_Augusto_Leao_Camilo.pdf>. Acesso em: 5 jun. 2017.

CAMPOS, B. M. Sociologia religiosa da religião: ensaio sobre suas impossibilidades e possibilidades. **Ciências da Religião – História e Sociedade**, v. 5, n. 5, p. 111-133, 2007. Disponível em: <http://editorarevistas.mackenzie.br/index.php/cr/article/view/497/315>. Acesso em: 5 jun. 2017.

CAMPOS, I. **Desigrejados**: teoria, história e contradições do niilismo eclesiástico. São Gonçalo: Contextualizar, 2014.

CAMPOS, L. F. **Campo religioso brasileiro é marcado pela pluralidade**. 2010. Disponível em: <https://www.ufpe.br/agencia/index.php?option=com_content&view=article&id=36026:-campo-religioso-brasileiro-e-marcado-pela-pluralidade&catid=84&Itemid=77>. Acesso em: 5 jun. 2017.

CAMURÇA, M. A. A sociologia da religião de Danièle Hervieu-Léger: entre a memória e a emoção. In: TEIXEIRA, F. (Org.). **Sociologia da religião**: enfoques teóricos. Petrópolis: Vozes, 2003. p. 249-270.

CARVALHO, L. **Socialismo utópico**. Disponível em: <http://historiadomundo.uol.com.br/idade-contemporanea/socialismo-utopico.htm>. Acesso em: 5 jun. 2017.

CARVALHO, O. L. de. Religiões no espaço público: reflexões a partir da teologia pública. **Revista Eletrônica Correlatio**, v. 13, n. 25, p. 105-116, jun. 2014. Disponível em: <http://dx.doi.org/10.15603/1677-2644/correlatio.v13n25p105-116>. Acesso em: 5 jun. 2017.

CASTRO, C. A. P. de. **Sociologia geral**. São Paulo: Atlas, 2000.

CESAR, W. A. **Para uma sociologia do protestantismo brasileiro**. Petrópolis: Vozes, 1973.

COMTE, A. **Catecismo positivista**. Rio de Janeiro: Templo da Humanidade, 1934.

____. **Curso de filosofia positiva; Discurso sobre o espírito positivo; Discurso preliminar sobre o conjunto do positivismo; Catecismo positivista**. Traduções de José Arthur Giannotti e Miguel Lemos. 5. ed. São Paulo: Nova Cultural, 1991. (Coleção Os Pensadores).

DESROCHE, H. **O homem e suas religiões**: ciências humanas e experiências religiosas. São Paulo: Paulinas, 1985a.

____. **Sociologia da esperança**. São Paulo: Paulinas, 1985b.

DIAS, A. de C. **Sociologia da religião**: introdução às teorias sociológicas sobre o fenômeno religioso. São Paulo: Paulinas, 2012.

DIAS, R. **Introdução à sociologia**. São Paulo: Pearson Prentice Hall, 2005.

DIX, S. Da crítica à sociologia da religião: uma viragem e seu impacto sociocultural. **Revista Lusófona de Ciências das Religiões**, ano 5, n. 9/10, p. 9-24, 2006. Disponível em: <http://revistas.ulusofona.pt/index.php/cienciareligioes/article/view/4078>. Acesso em: 5 jun. 2017.

DURKHEIM, É. **As formas elementares da vida religiosa**. São Paulo: Paulus, 1989.

____. **As regras do método sociológico**. 4. ed. São Paulo: M. Claret, 2011.

____. **Da divisão do trabalho social**. Tradução de Eduardo Brandão. 2. ed. São Paulo: M. Fontes, 1999.

DUTRA, K. **Friedrich Hegel**: o idealismo absoluto. 2012. Disponível em: <http://redes.moderna.com.br/2012/08/27/friedrich-hegel-o-idealismo-absoluto/>. Acesso em: 5 jun. 2017.

ENGELS, F.; MARX, K. **Manifesto do partido comunista**. Tradução e organização de Marco Aurélio Nogueira e Leandro Konder. 15. ed. Petrópolis: Vozes; Bragança Paulista: Ed. Universitária São Francisco, 2010.

FERREIRA, P. **Sociologia**. Recife: Cepe, 1969.

GALLO, I. C. **A aurora do socialismo**: fourierismo e o falanstério do Saí (1839-1850). Tese (Doutorado em História) – Universidade Estadual de Campinas, Campinas, 2002.

GERONE, A. de. As organizações religiosas e o terceiro setor. In: OLIVEIRA, G. J. de. (Coord.). **Direito do terceiro setor**. Belo Horizonte: Fórum, 2008.

GIDDENS, A. **Sociologia**. Tradução de Sandra Regina Netz. 4. ed. Porto Alegre: Artmed, 2005.

GIL, A. C. **Sociologia geral**. São Paulo: Atlas, 2011.

GIUMBELLI, E. Crucifixos em recintos estatais e monumento do Cristo Redentor: distintas relações entre símbolos religiosos e espaços públicos. In: ORO, A. P. et al. (Org.). **A religião no espaço público**: atores e objetos. São Paulo: Terceiro Nome, 2012. (Coleção Antropologia Hoje).

GRACINO JÚNIOR, P. Dos interesses weberianos dos sociólogos da religião: um olhar perspectivo sobre as interpretações do pentecostalismo no Brasil. **Horizonte**, Belo Horizonte, v. 6, n. 12, p. 69-92, jun. 2008. Disponível em: <https://dialnet.unirioja.es/descarga/articulo/4740641.pdf>. Acesso em: 5 jun. 2017.

GUERRIERO, S. A visibilidade das novas religiões no Brasil. In: SOUZA, B. M. de; MARTINO, L. M. S. (Org.). **Sociologia da religião e mudança social**: católicos, protestantes e novos movimentos religiosos no Brasil. São Paulo: Paulus, 2004.

GUIOTTO, Z. **Alemanha oriental**: o lugar mais sem Deus na Terra. 24 set. 2012. Disponível em: <http://zelmar.blogspot.com.br/2012/09/alemanha-orientalo-lugar-mais-sem-deus.html>. Acesso em: 5 jun. 2017.

HERVIEU-LÉGER, D. **O peregrino e o convertido**: a religião em movimento. Petrópolis: Vozes, 2008.

____. Representam os surtos emocionais contemporâneos o fim da secularização ou o fim da religião? **Religião e Sociedade**, Rio de Janeiro, v. 18, n. 1, p. 31-47, ago. 1997.

HERVIEU-LÉGER, D.; WILLAIME, J.-P. **Sociologia e religião**. São Paulo: Ideias & Letras, 2009.

HUFF JÚNIOR, A. É. Teologia e revolução: a radicalização teológico-política de Richard Shaull. **Estudos de Religião**, v. 26, n. 43, 56-76, 2012. Disponível em: <https://www.metodista.br/revistas/revistas-ims/index.php/ER/article/view/3026/3271>. Acesso em: 5 jun. 2017.

IBGE – Instituto Brasileiro de Geografia e Estatística. **Censo Demográfico 2010**: características gerais da população, religião e pessoas com deficiência. Rio de Janeiro: IBGE, 2010. Disponível em: <http://biblioteca.ibge.gov.br/visualizacao/periodicos/94/cd_2010_religiao_deficiencia.pdf>. Acesso em: 5 jun. 2017.

JOHNSON, P. **História do cristianismo**. Rio de Janeiro: Imago, 2001.

KÜNG, H. **Uma ética global para a política e a economia mundiais**. Petrópolis: Vozes, 1999.

LAKATOS, E. M.; MARCONI, M. de A. **Metodologia científica**. 2. ed. São Paulo: Atlas, 1991.

____. **Sociologia geral**. 7. ed. São Paulo: Atlas, 2008.

LESPAUBIN, I. Marxismo e religião. In: TEIXEIRA, F. (Org.). **Sociologia da religião**: enfoques teóricos. Petrópolis: Vozes, 2003.

LÖWI, M. **A guerra dos deuses**: religião e política na América Latina. Petrópolis: Vozes, 2000.

LYOTARD, J.-F. **A condição pós-moderna**. 8. ed. Rio de Janeiro: José Olympio, 2004.

MADURO, O. O campo religioso como produto dos conflitos sociais. In: ____. **Religião e luta de classes**. Petrópolis: Vozes, 1981.

MANTOVANELLO, C. F. O. Estratégia de sobrevivência. **Revista de Literatura, História e Memória**, Cascavel, v. 2, n. 2, p. 25-36, 2006. Disponível em: <http://e-revista.unioeste.br/index.php/rlhm/article/viewFile/1165/954>. Acesso em: 5 jun. 2017.

MARIZ, C. Algumas reflexões sobre religião e luta pela cidadania. In: ANDRADE, P.; BURITY, J. (Org.). **Religião e cidadania**. São Cristóvão: Ed. da UFS; Recife: Fundação Joaquim Nabuco, 2011. p. 263-272.

MARTELLI, S. **A religião na sociedade pós-moderna**. Tradução de Euclides Martins Balancin. São Paulo: Paulinas, 1995.

MARTINS, C. B. **O que é sociologia**. São Paulo: Brasiliense, 2007. (Coleção Primeiros Passos, 57).

MARX, K. **Contribuição à crítica da economia política**. Tradução e introdução de Florestan Fernandes. 2. ed. São Paulo: Expressão Popular, 2008.

____. **Crítica da filosofia do direito de Hegel**. Lisboa: Presença, 1974.

____. **Sociologia**. 7. ed. São Paulo: Ática, 1992.

MASKE, W. Anabatistas sob o Cruzeiro do Sul: a experiência menonita no Brasil (1930-1945). **Pistis & Praxis: Teologia e Pastoral**, Curitiba, v. 5, n. 1, p. 253-273, jan./jun. 2013. Disponível em: <http://www2.pucpr.br/reol/index.php/pistis?dd99=pdf&dd1=7683>. Acesso em: 5 jun. 2017.

MEIRA, I. F. **Talcott Parsons e o funcional estruturalismo**. 2012. Disponível em: <http://www.psicosmica.com/2012/04/talcott-parsons-e-o-funcional.html>. Acesso em: 5 jun. 2017.

MEKSENAS, P. **Pesquisa social e ação pedagógica**: conceito, métodos e práticas. São Paulo: Loyola, 2002.

MENDOZA-ÁLVAREZ, C. Deus ineffabilis: el lenguaje sobre Dios en tiempos de pluralismo cultural y religioso. In: CONGRESSO INTERNACIONAL DA SOTER, 26., Belo Horizonte, 2013. **Anais**... Belo Horizonte: Soter, 2013.

____. **O Deus escondido da pós-modernidade**: desejo, memória e imaginação escatológica – ensaio de teologia fundamental pós-moderna. Tradução de Carlos Nougué. São Paulo: É Realizações, 2011.

MENEZES, R. Anabatismo, o movimento mais radical e mais perseguido da Reforma Protestante. **Revista Monergista**, 1º nov. 2013. Disponível em: <http://www.revistamonergista.com/2013/11/anabatismo-o-movimento-mais-radical-e.html>. Acesso em: 5 jun. 2017.

MERTON, R. K. **Ensaios de sociologia da ciência**. Tradução de Sylvia Gemignani Garcia e Pablo Rubén Mariconda. São Paulo: Ed. 34, 2013. (Coleção Sociologia da Ciência e da Tecnologia).

MILLS, C. W. **A imaginação sociológica**. 4. ed. Rio de Janeiro: J. Zahar, 1975.

MINAYO, M. C. de S. **O desafio do conhecimento**: pesquisa qualitativa em saúde. São Paulo: Hucitec; Rio de Janeiro: Abrasco, 1992. (Coleção Saúde em Debate).

MINAYO, M. C. de S. (Org.). **Pesquisa social**: teoria, método e criatividade. 27. ed. Petrópolis: Vozes, 2008.

MONTERO, P. Controvérsias religiosas e esfera pública: repensando as religiões como discurso. **Religião & Sociedade**, Rio de Janeiro, v. 32, n. 1, p. 167-183, 2012. Disponível em: <http://www.scielo.br/scielo.php?script=sci_arttext&pid=S0100-85872012000100008&lng=en&nrm=iso&tlng=pt>. Acesso em: 5 jun. 2017.

____. Religião, modernidade e cultura: novas questões. In: TEIXEIRA, F.; MENEZES, R. **As religiões no Brasil**: continuidades e rupturas. Petrópolis: Vozes, 2006.

MORIN, E. **Ciência com consciência**. 14. ed. Rio de Janeiro: Bertrand Brasil, 2010.

MOUGEOLLE, L. O que é a sociologia em 10 pontos! **Portal Sociologia**, 21 maio 2015. Disponível em: <http://www.sociologia.com.br/o-que-e-a-sociologia-em-10-pontos/>. Acesso em: 5 jun. 2017.

NOVAES, R. C. R. Juventude e religião: marcos geracionais e novas modalidades sincréticas. In: SANCHIS, P. (Org.). **Fiéis e cidadãos**: percursos de sincretismo no Brasil. Rio de Janeiro: EdUERJ, 2001.

OLIVEIRA, F. L. de. O campo da sociologia das religiões: secularização versus a "revanche de Deus". **Revista Internacional Interdisciplinar Interthesis**, Florianópolis, v. 2, n. 2, jul./dez. 2005. Disponível em: <https://periodicos.ufsc.br/index.php/interthesis/article/view/724/10786>. Acesso em: 5 jun. 2017.

OLIVEIRA, P. A. R. de. A teoria do trabalho religioso em Pierre Bourdieu. In: TEIXEIRA, F. (Org.). **Sociologia da religião**: enfoques teóricos. Petrópolis: Vozes, 2003.

ORTIZ, R. Anotações sobre religião e globalização. **Revista Brasileira de Ciências Sociais**, São Paulo, v. 16, n. 47, p. 59-74, out. 2001. Disponível em: <http://www.scielo.br/pdf/rbcsoc/v16n47/7720.pdf>. Acesso em: 5 jun. 2017.

PACE, E. Religião e globalização. In: ORO, A. P.; STEIL, C. A. (Org.). **Globalização e religião**. Petrópolis: Vozes, 1999.

PIERUCCI, A. F. Estado laico, fundamentalismo e a busca da verdade. In: BATISTA, C.; MAIA, M. (Org.). **Estado laico e liberdades democráticas**. Recife: Articulação de Mulheres Brasileiras; Rede Nacional Feminista de Saúde; SOS Corpo – Instituto Feminista para a Democracia, 2006. p. 5-7.

____. A encruzilhada da fé. **Folha de S.Paulo**, São Paulo, Caderno mais, p. 4-11, 19 maio 2002. p. 4-7.

PRANDI, R. O Brasil com axé: candomblé e umbanda no mercado religioso. **Estudos Avançados**, São Paulo, v. 18, n. 52, set./dez. 2004. Disponível em: <http://www.scielo.br/scielo.php?script=sci_arttext&pid=S0103-40142004000300015>. Acesso em: 5 jun. 2017.

PROUDHON, P.-J. **Filosofia da miséria**. Tradução de Antonio Geraldo da Silva e Ciro Mioranza. São Paulo: Escala, 2007. (Coleção Grandes Obras do Pensamento Universal, 80).

QUEIROZ, J. J. Deus e crenças religiosas no discurso filosófico pós-moderno: linguagem e religião. **Rever – Revista de Estudo da Religião**, São Paulo, n. 2, p. 1-23, 2006. Disponível em: <http://www.pucsp.br/rever/rv2_2006/p_queiroz.pdf>. Acesso em: 5 jun. 2017.

RAMOS, F. P. Religião e religiosidade no Brasil. **Para Entender a História...**, 29 ago. 2010. Disponível em: <http://fabiopestana ramos.blogspot.com.br/2010/08/religiao-e-religiosidade-no-brasil. html>. Acesso em: 5 jun. 2017.

ROUSSEAU, J.-J. **O contrato social**. São Paulo: Abril Cultural, 1978. (Coleção Os Pensadores).

SANTANA FILHO, M. B. de. Religião e cidadania no Brasil: teologia e conflito entre o público e o privado. In: ROCHA, A. (Org.). **Teologia e sociedade**: um olhar sobre as relações entre teologia e a realidade social brasileira. São Paulo: Reflexão, 2013.

SCHAEFER, R. T. **Sociologia**. 6. ed. São Paulo: McGraw-Hill Brasil, 2006.

SEGATO, R. L. Formações de diversidade: nação e opções religiosas no contexto da globalização. In: ORO, A. P.; STEIL, C. A. (Org.). **Globalização e religião**. Petrópolis: Vozes, 1999.

SILVA JUNIOR, A. C. da R. Entre laicidade e laicismo: por uma interpretação constitucional da relação entre o estado e a religião. In: SILVA JUNIOR, A. C. da R.; MARANHÃO, N.; PAMPLONA FILHO, R. (Coord.). **Direito e cristianismo**: temas atuais e polêmicos. Rio de Janeiro: Betel, 2014a. p. 110-143.

____. Laicidade e direitos humanos: breves considerações sobre a atuação do Estado enquanto regulador da capelania prisional. In: SIMPÓSIO LUSO-BRASILEIRO DE FILOSOFIA DA RELIGIÃO E CIÊNCIAS DA RELIGIÃO, 4., 2014, São Paulo. **Anais**... São Paulo: PUC-SP, 2014b.

SILVEIRA, E. J. S. da. Paradoxos e semelhanças entre religião e business. **Revista Sociologia Ciência & Vida**, São Paulo, ano II, n. 22, p. 61-67, mar. 2009. Disponível em: <https://www.academia. edu/30607900/Paradoxos_e_semelhan%C3%A7as_entre_ religi%C3%A3o_e_business_Revista_Sociologia_Ci%C3%AAncia_ and_Vida_>. Acesso em: 5 jun. 2017.

STEIL, C. A.; HERRERA, S. R. Catolicismo e ciências sociais no Brasil: mudanças de foco e perspectiva num objeto de estudo. **Sociologias**, Porto Alegre, ano 12, n. 23, p. 354-393, jan./abr. 2010. Disponível em: <http://www.scielo.br/pdf/soc/n23/13.pdf>. Acesso em: 5 jun. 2017.

SUESS, P. **Introdução à teologia da missão**: convocar e enviar – servos e testemunhas do reino. Petrópolis: Vozes, 2007.

TEIXEIRA, F. Peter Berger e a religião. In: TEIXEIRA, F. (Org.). **Sociologia da religião**: enfoques teóricos. Petrópolis: Vozes, 2003.

THIAGO, R. S. **Fourier**: utopia e esperança na Península do Saí. Blumenau: Ed. da Furb, 1995.

THIOLLENT, M. A educação permanente segundo Henri Desroche. **Pro-Posições**, Campinas, v. 23, n. 3, p. 239-243, set./dez. 2012. Disponível em: <http://www.scielo.br/scielo.php?script=sci_arttext&pid=S0103-73072012000300017&lng=en&nrm=iso>. Acesso em: 1º jun. 2017.

WEBER, M. **A ética protestante e o espírito do capitalismo**. Tradução de Irene de Q. F. Szmrecsányi e Tomás J. M. K. Regis Barbosa Szmrecsányi. São Paulo: Pioneira, 1983.

____. **A "objetividade" do conhecimento nas ciências sociais**. São Paulo: Ática, 2006.

____. **Ensaios de sociologia**. São Paulo: Zahar, 2004.

WILLAIME, J.-P. 1905 et la Pratique d'une Laïcité de Reconnaissance Sociale des Religions. **Archives de Sciences Sociales des Religions**, n. 129, 1º jan. 2005. Disponível em: <http://assr.revues.org/1110>. Acesso em: 5 jun. 2017.

bibliografia comentada

AZEVEDO, M. **Modernidade e pós-modernidade**: desafios à vida e à fé cristã. São Paulo: Fonte Editorial, 2015.

De forma bem ampla e com bons fundamentos, Azevedo procura abordar em sua obra o fenômeno da modernidade e da pós-modernidade por meio de uma análise histórica, social, política, econômica e religiosa. Voltada para um público cristão, o livro também contribui para que, por meio da Bíblia, possamos entender as questões dos tempos atuais em relação direta com o propósito para a vida cristã.

BASTIDE, R. **As religiões africanas no Brasil**. Tradução de Maria Eloisa Capellato e Olívia Krähenbühl. São Paulo: Pioneira, 1971.

Nessa obra, o sociólogo francês Roger Bastide procura articular os termos *raça* e *religião* no Brasil, a fim de melhor entender as questões de preconceito nas relações raciais. De forma significativa, o candomblé se configura como chave de análise e de interpretação dessa religiosidade, que se caracteriza pelos vínculos raciais.

BERGER, P. L. **O dossel sagrado**: elementos para uma teoria sociológica da religião. São Paulo: Paulus, 1985.

Nessa obra, Berger procura analisar e dissertar sobre a sempre presente relação existente e, por vezes, irônica, entre a religião e a sociedade. Trata-se de uma contribuição significativa aos estudos da sociologia da religião, já que se baseia nos grandes clássicos, isto é, Marx, Weber e Durkheim.

BERGER, P. L.; LUCKMAN, T. **A construção social da realidade**: tratado de sociologia do conhecimento. Tradução de Floriano de Souza Fernandes. Petrópolis: Vozes, 1973.

Essa obra contempla a temática da sociologia do conhecimento, compreendido e redefinido por Berger como *conhecimento em geral*, isto é, o senso comum. Para ele, a sociedade se apresenta ao indivíduo em duas possibilidades: como realidade objetiva (institucionalização ou legitimação) ou como realidade subjetiva (interiorização ou identificação).

BOURDIEU, P. **Coisas ditas**. São Paulo: Brasiliense, 2004.

Nessa obra, Pierre Bourdieu estabelece um autorretrato intelectivo por meio de diálogos com etnólogos, economistas e sociólogos. Ele procura esclarecer determinadas características de seu trabalho por meio de explicações sobre os pressupostos filosóficos de seus estudos. Concomitantemente, Bourdieu discute e, por vezes, refuta algumas das objeções mais comuns em relação ao seu trabalho.

BOURDIEU, P. **A economia das trocas simbólicas**. 6. ed. São Paulo: Perspectiva, 2007. (Coleção Estudos, v. 20).

Nessa obra, Pierre Bourdieu percebe a sociedade sob a perspectiva de um espaço onde algumas relações de força originadas por meio de significações e simbolizações se deparam e colidem umas com as outras.

BRANDÃO, C. R. **Memória do sagrado**: estudos de religião e ritual. São Paulo: Paulinas, 1985.

Nessa obra, Brandão analisa como a religiosidade popular acontece desde o sertão até chegar às áreas urbanas. A obra apresenta cinco estudos com enfoque em situações e falas em que a religião emerge como cultura. Às vezes, tal percepção se concretiza por meio do trabalho de agentes religiosos; em outros momentos, é dissimulada em ritos e festas comuns às rotinas das pessoas.

____. **Os deuses do povo**: um estudo sobre religião popular. 2. ed. São Paulo: Brasiliense, 1986.

Essa obra é reconhecida como um clássico de estudos voltados à área de antropologia e da sociologia da religião no Brasil, pois se trata de um estudo sobre a religião popular brasileira.

CAMARGO, C. P. F. de. (Org.). **Católicos, protestantes, espíritas**. Petrópolis: Vozes, 1973.

Essa obra é considerada o primeiro estudo realizado com base em dados empíricos de sociologia da religião editado em nosso país. A obra procura analisar a religiosidade brasileira marcada pelas três principais manifestações religiosas da época: católicos, protestantes e espíritas.

DIAS, A. de C. **Sociologia da religião**: introdução às teorias sociológicas sobre o fenômeno religioso. São Paulo: Paulinas, 2012.

Essa obra introduz ao leitor a sociologia da religião ao fazer uma análise dos clássicos do tema, passando pelas diversas teorias sociológicas e por teóricos brasileiros que tratam do assunto. Numa análise histórica e contemporânea, Carvalho Dias procura evidenciar como as transformações que aconteceram na sociedade provocaram mudanças significativas na maneira como as pessoas vivenciam a religião.

COMTE, A. **Catecismo positivista**. Rio de Janeiro: Templo da Humanidade, 1934.

Nessa obra, Comte faz uma apresentação concisa do que denomina *religião universal*. O texto é apresentado por meio de diálogos entre uma mulher e um sacerdote da humanidade, já que o autor almejava reestruturar a sociedade com o apoio sociologista sob um viés religioso, com suas novas crenças e seus novos dogmas.

DESROCHE, H. **Sociologia da esperança**. São Paulo: Paulinas, 1985.

Nessa obra, o autor analisa o que define como *fenômenos marginais e utópicos* da religião e da sociedade. Nessa perspectiva, ele investiga algumas temáticas ligadas à luta e à persistência humana com relação à busca por meios mais justos de ordenamento social por intermédio da religião. Numa perspectiva de esperança, Desroche estabelece um vínculo entre o marxismo e a fé cristã, caracterizando assim distintos messianismos e milenarismos.

DURKHEIM, É. **As formas elementares da vida religiosa**. São Paulo: Paulus, 1989.

Nessa obra, Durkheim faz um estudo sobre a religião, analisando-a como um fenômeno social. Ele também confere à religião um *status* especial, já que ela proporciona estabilidade social e emocional por meio da vivência coletiva em comunidade. O autor analisa as religiões primitivas australianas, elucidando que, em religiões mais simples, é possível descobrir elementos comuns presentes na maioria das religiões – inclusive as mais atuais.

____. **As regras do método sociológico**. 4. ed. São Paulo: M. Claret, 2011.

Trata-se de um clássico da sociologia no qual Durkheim procura constituir a sociologia como uma nova ciência social por meio de pressupostos fundamentais. Assim, para ele, o que importa é o estudo do indivíduo inserido em um grupo social.

ENGELS, F.; MARX, K. **Manifesto do partido comunista**. Tradução e organização de Marco Aurélio Nogueira e Leandro Konder. 15. ed. Petrópolis: Vozes; Bragança Paulista: Ed. Universitária São Francisco, 2010.

Escrito por Karl Marx e Friedrich Engels, esse é um dos clássicos sobre política de maior significância mundial. A obra foi elaborada durante o desenvolvimento de lutas urbanas das Revoluções de 1848, também denominadas *Primavera dos Povos* (um processo revolucionário que durou aproximadamente um ano e alcançou vários países da Europa). A obra se baseia na busca de reformas sociais por meio da redução da jornada diária de trabalho de 12 para 10 horas e do direito ao voto universal.

GIDDENS, A. **Sociologia**. Tradução de Sandra Regina Netz. 4. ed. Porto Alegre: Artmed, 2005.

Trata-se de umas das obras mais importantes sobre sociologia. O autor procura analisar um amplo leque de temas sociais, desde os mais antigos até os mais recentes, como o advento da internet. Além disso, também trata de seu estudo sobre o fenômeno religioso.

HERVIEU-LÉGER, D. **O peregrino e o convertido**: a religião em movimento. Petrópolis: Vozes, 2008.

Nessa obra, a autora procura analisar como se dá a construção e a transmissão de identidades religiosas na contemporaneidade, isto é, como realmente aconteceu a dinâmica sociorreligiosa que se realizou no campo religioso no fim do século XX, mesmo sob a crise das religiões tradicionais.

LYOTARD, J.-F. **A condição pós-moderna**. 8. ed. Rio de Janeiro: J. Olympio, 2004.

Nessa obra o autor procura apresentar alguns pressupostos bem objetivos que possibilitam discutir as transformações provocadas na sociedade por meio das quais o saber é produzido, distribuído e legitimado nas áreas mais avançadas do capitalismo nesses últimos tempos.

MARTELLI, S. **A religião na sociedade pós-moderna**. Tradução de Euclides Martins Balancin. São Paulo: Paulinas, 1995.

Nessa obra, é possível perceber uma releitura dos grandes clássicos da sociologia da religião (Marx, Weber e Durkheim) sob a perspectiva de como o estudo no passado se relaciona com a religiosidade na atualidade pós-moderna.

TEIXEIRA, F. (Org.). **Sociologia da religião**: enfoques teóricos. Petrópolis: Vozes, 2003.

Essa obra reúne estudos de dez significativos teóricos do campo das ciências sociais com enfoque sociorreligioso no Brasil. Os estudos apresentados ressaltam perspectivas e pressupostos importantes que constituíram a base de análise da religiosidade brasileira como um fenômeno social.

WEBER, M. **A "objetividade" do conhecimento nas ciências sociais**. São Paulo: Ática, 2006.

Nessa obra, Max Weber procura analisar de forma bem detalhada o modo como os fatos sociais são discutidos como objetos de conhecimento científico e, assim, o que de fato possibilita que eles sejam significativos para o cientista social. Ele ainda aborda os problemas metodológicos sob a perspectiva das dificuldades que surgem no trabalho habitual das investigações sociais.

____. **A ética protestante e o espírito do capitalismo**. Tradução de Irene de Q. F. Szmrecsáyi e Tomás J. M. K. Regis Barbosa Szmrecsáyi. São Paulo: Pioneira, 1983.

Essa obra é reconhecida como um dos grandes clássicos da sociologia. O texto de Weber procura instigar um novo modo de se compreender o capitalismo numa relação com a cultura. Para tanto, Weber percebe a gênese do capitalismo moderno nos alicerces da moral puritana e protestante.

respostas

Capítulo 1

Atividades de autoavaliação

1. c
2. F, V, F, V.
3. d
4. F, V, V, F.
5. a

Capítulo 2

Atividades de autoavaliação

1. c
2. V, V, F, F.
3. b
4. d
5. c

Capítulo 3

Atividades de autoavaliação

1. a
2. V, F, V, V.
3. c
4. F, V, V, F.
5. d

Capítulo 4

Atividades de autoavaliação

1. b
2. V, F, V, F.
3. c
4. V, V, V, F.
5. a

Capítulo 5

Atividades de autoavaliação

1. b
2. V, V, F, F.
3. b
4. V, V, F, V.
5. d

Capítulo 6

Atividades de autoavaliação

1. d
2. V, F, F, V.
3. a
4. V, V, F, V.
5. c

sobre o autor

Acyr de Gerone Junior é bacharel em Teologia pelo Seminário Teológico Betânia de Curitiba (SEMIBC) e pela Pontifícia Universidade Católica do Paraná (PUCPR) e pós-graduado em Gestão de Projetos Sociais no Terceiro Setor pela Faculdades Batista do Paraná (Fabapar) e em Ciências da Religião pela Faculdade Entre Rios do Piauí (Faerpi). Tem MBA em Gestão Empresarial pela Fundação Getulio Vargas (FGV) e em Propaganda, Marketing e Comunicação Integrada pela Universidade Estácio de Sá. Mestre em Educação pela Universidade Federal do Pará (UFPA) e doutorando em Teologia pela Pontifícia Universidade Católica do Rio de Janeiro (PUC-Rio). Membro da Academia Evangélica de Letras do Brasil (AELB), Acyr de Gerone Junior é autor de cinco livros: *Paulo Freire e ação pedagógica de professores ribeirinhos da Amazônia: um estudo de caso do Projeto Escola Açaí* (2014); *Missão que transforma: a evangelização integral na Bíblia* (2014); *Teologia das cidades* (2015); *Retratos urbanos: os desafios da igreja na cidade* (2016); e *Desafios ao educador contemporâneo* (2016). Palestrante e autor de artigos sobre teologia, gestão e educação, atualmente é secretário regional da Sociedade Bíblica do Brasil (SBB) no Rio de Janeiro.

Os papéis utilizados neste livro, certificados por instituições ambientais competentes, são recicláveis, provenientes de fontes renováveis e, portanto, um meio responsável e natural de informação e conhecimento.

Impressão: Reproset
Dezembro/2021